職場法則系列

超圖解
印象術

速溶綜合研究所 著

非凡出版

總序

　　不論你是學生，或者剛踏入職場的新人，我相信你都曾經遇到這種情況：學校老師或上司交辦你幾件事，你做好記錄，然後埋頭便開始工作。為了快點做完，你幾乎沒有向上司或老師匯報進度。在整個過程中，你也很少與別人溝通，更別說仔細思考怎麼做才能更效率。

　　結果，你好不容易趕在截止日期之前完成了任務，但得到的回覆，很可能是老師或上司的不滿──因為沒有和別人溝通、請教，以致工作出錯也沒有人發現。

　　問題到底出在哪裏呢？時間管理不行？工作方法不對？……

　　針對這個問題，這套書提出了一個簡潔有效的「解決問題三步法」：提出問題（What）、分析問題（Why）、解決問題（How）。

　　面對問題，如果你善用這個三步法，絕大部分的問題都可以迎刃而解。這個解決問題三步法，是在訓練你的邏輯思考

力。按照這個三步法，你接到任務以後，首先該做的不是立刻執行，而是花時間對任務進行解讀。三步法是這樣操作的：

1. 提出問題（What）：對於他人交辦的事情，你與對方溝通並確認了具體的任務目標是甚麼嗎？

2. 分析問題（Why）：你需要花多長時間完成任務？ 對於應該先做甚麼、後做甚麼，你有時間管理的意識嗎？完成任務需要動用甚麼資源？可以找哪些同事合作？你的人際協調能力和職場交涉能力過關嗎？

3. 解決問題（How）：在紮實做好前兩步的基礎之後，再開始具體執行。別小看上面這個過程，無論是對大項目還是小問題，這三步都行之有效。職場比拼的永遠是一個人的綜合實力，光是單一技能是不足夠的。

給你一套職場指南

一個人在職場中的時間大約為四十年，考慮到現在人類更長壽了，工作時間可能會增加到五十年甚至六十年。有些人重複做一項工作十年都沒有進步，有些人工作一年，比別人工作十年積累的經驗還要多。

我喜歡總結與反思，每處理完一件事情，我都會不斷停下來審視自己的不足，並思考如何改進。很多時候我會寫下

來──寫作有利於思考，有利於沉澱，有利於發現不足，更有利於逐漸找到答案。

這本書不僅對職場新人非常有幫助，對我這種工作了十多年的人也依然有很大幫助──尤其是整本書有圖解示範，閱讀起來更加輕鬆，也使我對職場類書籍有了新的認識，並不是所有的職場類書籍都過於乾澀、難讀。

事實上，每一次職場調動，或者每一次新挑戰，都會讓我們回到一個新的起點，再次成為職場新人。

我很喜歡這套書的編排方式。每個單元開頭都是先由一位職場新人提問，然後書中的 Dr. Benjaman 會給出一個概括性的回答。緊接着，作者便開始介紹相關概念和理論，再用圖解的方式將其具體解釋清楚。整個過程非常生動，而且一目了然。最精妙的設計是，在每個章節結尾部分，作者都會提供一項 Tips，讓讀者知道自己是否真的掌握了這些技能。

帶你進入一個真實的職場

我喜歡這套書還有一個原因，它為讀者再現了一個真實的職場，一次過呈現了上百個常見的職場問題，並且都非常「貼地」，學完就可以運用。

如果我們把進入職場看作就讀一所「大學」的開始，那

麼對我們來說最重要的是甚麼呢？毫無疑問是學習和成長。上學的時候，你可以聽教授授課、去圖書館、跟室友討論，到了職場中，幾乎身邊的每一個人，包括同事、上司，甚至你的客戶、展會上認識的行業夥伴，都可以成為你的老師和指路人。

對於新入職員工的培養，日本的公司往往採用師徒制。如果你的公司也有這樣的制度，那再好不過了；如果沒有，那我強烈建議你主動給自己尋找一位導師，如果暫時還沒有找到的話，你就先把 Dr. Benjaman 當成你的導師吧。相信我，他真的非常睿智。

所以，這是一本適合你隨時翻閱的書，它可以幫助你隨時開啟和 Dr. Benjaman 的對話。快去閱讀吧，書中還藏着非常多的小驚喜，等你慢慢去發現。

「寫作訓練營」創始人

師北宸

人物介紹

——速溶綜合研究所——

　　速溶綜合研究所是一所由各方超級專家和研究員組成的研究機構，專門研究社會與經濟等方面問題，並為有這方面困擾的人們提出解決方案。

　　此次，一家蔬菜批發公司邀請了研究所的 Dr. Benjaman，來幫助員工解決對外的職場交涉問題，通過提高員工的交涉能力來為公司獲得更多的發展機會。是甚麼問題困擾着那裏的員工呢？ Dr. Benjaman 和助手 Kiko 能否順利解決所有問題？

Dr. Benjaman

社會學者｜性別：男｜年齡：55 歲

速溶綜合研究所的研究員，專攻社會學。常年帶着助手到不同的地方去考察，現在每週兩次到蔬菜批發公司研究和解答相關課題。

Kiko

Dr. Benjaman 助手｜性別：女｜年齡：25 歲

Dr. Benjaman 的得力助手。由於曾經當過新聞記者，所以對於確認事實特別執着，最近跟着博士出入蔬菜批發公司，負責記錄員工們在進行「職場交涉」的過程中遇到的問題，並幫助大家制訂解決方案。

Oliver

性別：男｜年齡：24 歲

蔬菜批發公司市場部的新入職員工，性格開朗、不拘小節，但做事總少一根筋。在處事時常因粗心大意、考慮不周而犯錯。

Lara

性別：女｜年齡：23 歲

和 Oliver 同一時期入職蔬菜公司的客服部員工，為人內向害羞、做事細心、待人友善，同時非常勤力，不介意加班工作。她想像力豐富，對於蔬菜的各種知識感到無比好奇。

蔬菜君

性別：不詳｜年齡：幼齒

在 Oliver 和 Lara 所在的蔬菜批發公司裏，住着許多神秘生物——蔬菜君。它們樣子可愛，喜歡跟在業務員們的身邊，幫助他們進行蔬菜批發。

目 錄

1 | 第一印象與 **瞬間記憶**

2 | 提升印象力的 **基礎與關鍵**

3 提升印象力實用 技巧大盤點

目 錄

4 被忽略的 **印象攻略**

5 擊倒印象力的 二三事

6 印象管理小測試 Ready? Go！

第 **1** 章

第一印象與
瞬間記憶

步入社會的你，是否已準備好迎戰那麼多陌生的不確定情況？

初入職場的人總像首次踏入戰場，對於自己應穿甚麼服飾，樣子應該笑面迎人，或是嚴肅認真，要建立怎樣的形象等，都沒有清晰的概念。不用擔心，以下是指引你在戰場走得更順利的「印象法」！

不知道自己在別人眼中的印象？

> 自己給他人的印象和自己想像中的樣子，
> 是有差異的！

我來新公司上班有一段時間了，可是與同事們相處時總覺得關係很生疏。只有在涉及工作時才能說上幾句話。我覺得自己是一個容易親近的人，為甚麼總感覺大家有意跟我保持距離呢？真羨慕那些很快就能和其他人打成一片的人呢！

同事們沒有看到你隨和的一面，其實在很大程度上是因為你並沒有呈現給他們看！大家看到的有可能是你發出「拒絕靠近」的信號，所以在與你相處時會自動保持距離。

∷到底甚麼是印象？∷

　　印象，是指我們在接觸人或事物的過程中，對方在我們腦海裏留下的形象。印象的形成，與我們自身的經驗有關。我們在接觸新的人或事物時，會根據以往的經驗，將他們進行歸類，判斷友好關係對自己是否有利，然後據此做出選擇，並表現在具體的行動上。

　　Dr. Benjaman 初到蔬菜批發公司做研究時就做了一個小小的實驗。他將公司的員工分成兩組，然後分別向他們講述他的助手 Kiko 的故事。

　　A 組：Kiko 穿着一身素樸、淡雅的西裝，獨自去寫字樓做問卷調查。她站在樓下安靜地等待午休時間的來臨，因為這樣做調查時才不會打擾他人的工作。她禮貌而友好地與每一位受訪者交流，期間還遇到了一位熟人，但她忙於工作沒有主動與熟人説話，直到對方看見她並走過來與她打招呼。調查結束，她一路聽着搖滾，哼着小曲，去了朋友家出席聚會活動。

　　B 組：Kiko 有些興奮地跑去寫字樓做問卷調查，因為這是她第一次獨立執行任務。寫字樓裏的人還在辦公，在等待的時候，Kiko 與門口保安叔叔愉快地交談。後來的訪問也做得很順利，她與每一位受訪者熱情溝通，就像遇見老友一樣。遠遠看見一個熟悉的面孔，她揮起手與對方大聲打招呼。調查結束，

她鬆了一口氣，到附近咖啡館的一個角落裏發了一會兒呆，然後一個人安安靜靜地散步回家。

　　聽完 Dr. Benjaman 的講述，A 組多數人都認為 Kiko 是一個性格有些內向的人；而 B 組較多人認為 Kiko 性格外向。同樣的 Kiko，為甚麼會給大家留下不同的印象呢？

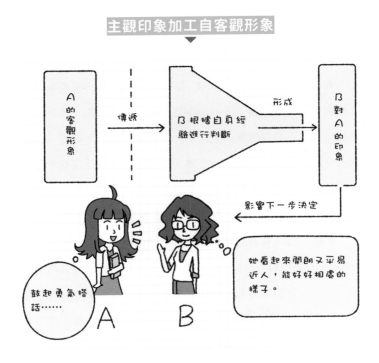

⠿ 印象為何有不同？ ⠿

在 Kiko 的故事中，我們可以發現 Dr. Benjaman 不同的講述都包含了兩種性格特徵的可能，只是它們出現的順序不同。比如在 A 組，表面看起來性格內向的 Kiko，很有可能私下開朗又豪爽；而在 B 組，看似性格外向的 Kiko，工作之外也許是一個內向喜靜的文青。但是，從結果上來看，人們更傾向於重視最先得到的資訊，並由此對他人做出印象判斷。這在心理學上，被稱為「第一印象效應」（亦作首因效應）。

心理學家認為，人們一旦覺得自己有足夠的資訊來做判斷，就很容易忽略後面獲取的資訊，認為後面的資訊不如開始的資訊重要、有價值。這也就是 Kiko 會給大家留下不同印象的原因：**大家接收資訊的順序不同，產生的第一印象也就不同。**

從生物學的角度來看，人類在進化的過程中形成了「快速識人」的特性，能夠在極短的時間內就對方是否對自己有威脅做出判斷。有，則遠離；無，可親近。這種判斷能夠讓人類更好地生存下去。由此可知，第一印象的形成，可以說是人類本能的反應。

有諸多研究表明，第一印象在很大程度上影響着我們與他人未來關係的發展。如果雙方在第一次見面時，就給彼此留下了良好的印象，那麼兩人的關係更容易往好的方向發展；如果

有一方對另一方的印象不佳，那麼雙方的關係就會進展緩慢，並難以改善。

⠿ 職場中的第一印象 ⠿

在職場中，第一印象的作用不容忽視，它決定了他人是否願意與我們有更多的交流，它影響着我們未來的職業發展。

要知道，**我們自以為自己留給他人的印象，與他人對我們真實的印象，其實是存在差異的。**他人對我們的印象判斷，是由他的所見，再加上他以往的經驗，經過大腦綜合分析後得出的。

然而，我們想要呈現給對方的形象，與對方看到的模樣，可能是完全不同的。比如「東施效顰」這個故事，就印證了這一點。東施想要展示給鄰里的是如西施般蹙眉行走的美姿，但是鄰里們看到的卻是她洋相百出的醜態。

在職場社交中，我們的沉默少言，上司讀取到的資訊可能是幹勁不足；我們的積極獻策，在同事眼中可能會被理解為拍馬屁「擦鞋」；我們的熱情周到，在客戶的眼裏可能是虛情假意。這些「表錯情，會錯意」的行為，都是因人們對「自己眼中的我」與「他人眼中的我」缺乏正確的認識而產生的；同時也是緣於人們通常都是對自己的行為印象很模糊，對別人卻

很苛刻。那麼，怎樣才能讓自己想要留給他人的印象，與他人實際產生的印象統一起來呢？學會印象管理，是職場新人的必修課。

新人初入職場，或多或少都會擔心與上司、同事或者客戶難以相處。給對方留下一個好的印象，是兩者關係走向融洽的第一步。掌握印象管理技能，會快速地幫助我們建立起理想中的好印象。

2

誰決定我給他人的 印象？

> 印象並非自己決定，
> 而是由「對方」決定！

明天是我第一次去見客戶，對於初入職場的我來說非常重要。我準備了很多蔬菜批發公司的資料，這樣我可以給客戶留下一個能幹的形象，從而讓其認可我的能力和公司的實力，合作的機會會因此增加不少吧？

好的印象當然會增加彼此的合作機會。想要你的能力和公司的實力得到客戶的認可，要由客戶來確認說「你很專業」「你們公司實力很強」「是優秀員工搭配優秀企業」，而不是憑藉我們自己想像出來的「優秀形象」。

印象不在想像中

　　鏡子中那個很有能力的自己，在面試官的眼裏就好像是隱形了一樣。為甚麼我的能力總是被他人忽視呢？

　　我們先來看這樣一個例子，公司的 Oliver 和 Lara，他們在一次同事互評考核中，分別收到了這樣的評價：

Oliver：聰明，勇敢，善良，挑剔，衝動，固執。

Lara：固執，衝動，挑剔，善良，勇敢，聰明。

　　初看這兩條評價，你是不是更願意和 Oliver 做工作上的搭檔？其實，Oliver 和 Lara 的評價是一樣的，只是形容他們的詞語出現的先後順序不同，這就是「第一印象」帶來的影響。

　　由此，我們可以明白，為甚麼面試官看不見你的能力？因為能力反映在你給他人的印象中，在初次接觸時，你沒有將此優先展示給面試官。甚至有可能面試官在看到你的第一眼時便看出了你的不自信，對你的第一印象打了折扣。所以在後面的面試過程中，即使你表現出較強的能力，但是第一印象已定，面試官已經失去了繼續了解你的興趣，所有的提問很可能只是為了禮貌地完成流程化的面試。

　　我們必須謹記，第一印象，並不是鏡子中那個熟悉的自己，而是在對方初次見你時，從你的言談舉止中，看到的一切資訊。印象，是他人對我們的判斷，而非自我的評價與想像。

┊┊印象比能力更重要┊┊

　　人們對他人的印象判斷，往往來自自己的人生經驗。愛笑的人是樂觀的，書不離手的是文化人，戴大墨鏡的多是藝人……人們的腦海中有一個巨大的經驗數據庫，你的一舉一動，都會在對方的腦海中進行經驗速配，綜合以後就形成第一印象。也就是說，在你還沒有開始向他人展現能力的時候，你在對方心中的印象已經形成了。

體現形象的各因素先行於能力

外貌與衣着 → 自己的能力 → 先 → 他人據其人生經驗進行主觀加工後

語氣與聲音 →

言談與舉止 →

後 → 他人對你的印象

自己的能力

能力往往呈現在形象之後

美國總統林肯曾經因為相貌偏見拒絕過一位才識過人的內閣成員。有人憤怒地指責林肯以貌取人，而林肯回答：「一個人過了四十歲，就應該為自己的面孔負責。」

在職場中，向他人展示自己的能力是很有必要的，它將為我們爭取到更多的資源和機會。但是，能力往往是在他人接納你後、在彼此更深入的交往中才能體現出來。過早地想一味去爭取別人對自己能力的賞識，而忽略了先給對方一個好的印象，可能會給工作帶來事倍功半的效果，這種現象在職場新人中尤為常見。

影響印象的因素

常言道：「看有看相，坐有坐相，站有站相，吃有吃相。」心理學家認為，一個人的衣着、表情、舉止、言談等，都體現着他的修養和品位。這對形成良好的第一印象至關重要。

外貌與着裝：我們不得不承認，在職場中，那些服飾整潔、穿着得體且儀表大方的人，看起來更像是自信且工作能力較強的成功人士。這足以說明，外在的精神面貌與着裝，在影響着我們對他人的判斷。而那些認為外貌是天生的、無法改變的想法是錯誤的。恰到好處的修飾與大方得體的着裝，可以幫助我們改善形象，同時還能夠提升自信心。

語氣與聲音：許多公司的客服崗位都會要求應聘者聲音沉穩溫和或優美動聽。客服在工作中面對的都是客戶，優美動聽的聲音和沉穩溫和的語氣，可以給客戶留下良好的印象，打消客戶的疑慮，甚至能化解因服務不周而帶來的矛盾。在不同的工作場合裏，運用合適的語氣、聲音與他人交流，會使得溝通過程更加順利。

言談與舉止：任何一家公司的老闆，都樂意聘用那些從言談舉止間看起來積極向上、有職業素養的員工，而不是散漫無禮、萎靡不振的人。一個人的言談與舉止往往可以反映他的內涵與修養。得體的言談與舉止，不僅僅是一種個體的狀態，它甚至可能會影響整個團隊的交流與合作氛圍，並成為工作上的催化劑。

人們常說，面試是否成功，關鍵是看與上司合不合眼緣，其實說的就是留給面試官的印象。所以不要以自己想像中的印象來判斷自己，而是要通過周圍的人對自己的意見、看法來知曉自己給別人的印象。

瞬間決定成敗

> 就在那幾秒，成敗得失已被印象決定！

上午約客戶談業務時，遇到了一位同行。在他到來之前，我已經和客戶聊了半個小時，合作意向對方還在考慮當中。可奇怪的是，那位同行與客戶僅聊了十分鐘就簽訂了合約。明明我們公司的實力更強，為何客戶選擇與別人的公司合作，是客戶對我存在偏見嗎？

任何一家公司，都喜歡與有實力的企業合作。客戶不答應與你簽合約，與談判時間的長短沒有關係，可能是對你的信心不足。你沒有給客戶留下一個可信賴、可合作的良好印象。

∷ 成敗就在一瞬間 ∷

　　隨着社會和科技的發展，我們的生活每天都在發生變化。人們能明顯感覺到現在的生活節奏比以往更快。職場中的人們特別感觸，每天都要面對新的資訊，去適應行業新的變化。因而，很少有人願意花很多時間去深入了解一個人，特別是初次見面的陌生人。對於職場新人來說，在與人打交道的過程中，抓住開場的前幾秒非常重要。

　　英國格拉斯哥大學與美國普林斯頓大學的心理學家們，曾聯合做了一項實驗。在實驗中，參與者通過聽錄音來描述對方的性格特徵，比如：可信賴度、支配性、吸引力和溫暖感。實驗結果發現，大約在聽到聲音三百至五百毫秒後，人們就可以做出印象判斷。而對於同一種聲音，大多數參與者的描述都是相近的。這個實驗表明，第一印象的產生非常迅速，只需要0.5秒就夠了。繼續愉快地交往，還是與之保持距離，這個決定在瞬間完成。

∷ 職場機會裏沒有「來日方長」 ∷

　　儘管第一印象並不完全準確，但我們還是經常以第一印象去判斷一個人。同樣，他人也通過第一印象來了解我們。在職

場中想要抓住機會，我們就要把握好決定印象好壞的前幾秒，將對方希望看到的形象展現出來，**放棄「來日方長，慢慢了解」的想法，因為機會從來不會等着任何一個人。**

在一次應屆生校招面試中，某世界「財富 500 強」企業的面試官發現，一位面試者的身後緊跟着他的父母。從面試者與父母的神態舉止可以看出父母是來陪同面試的。這位面試者還沒有遞上履歷表，面試官就已經在心裏否定了他。

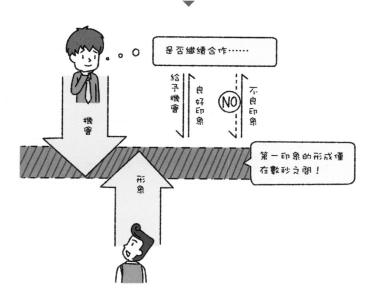

這位面試官解釋説，因為他看上去缺乏獨立自主的精神，我們很難相信他在今後的工作中可以面對各種困難和挑戰。

我們在日常生活中經常會聽到這樣一句話：「我一看就知道他是一個甚麼樣的人。」這其實説的就是第一印象。人們通過察言觀色的「一看」，在幾秒鐘的時間裏，就對你的過去經歷與未來發展下了定論。

在大型招聘中，面試官每天面對數以百計的求職者和履歷表，在最短的時間內做出印象評價，已然成為一種工作需要。能夠在幾秒鐘的時間裏做到脱穎而出，吸引住面試官的眼睛，引起他的興趣，使他願意對你有更深入的了解，也是一種應聘技能。幾秒鐘裏我們能完成甚麼？唯有留下好的印象。

你沒有第二次機會去留下第一印象

第一印象的好與壞，幾乎決定着人們是否能夠繼續交往。而在職場上，它意味着你能否獲得更多的機會。留給他人的第一印象，如同在一張白紙上作畫，一旦開始就有了畫筆的印跡，起筆若是沒有畫好，則會影響後面的筆觸展開。即使在後面的交往中，我們不斷地改善形象，這幅畫或多或少還是會受到最初敗筆的影響。也許我們最終會修復成功，但我們也付出

了相當多的時間與精力。與其如此，不如在開始作畫時，我們就開個好頭，給他人留下一個良好的印象。

　　第一印象在職場中有著不容忽視的重要作用。而留下好的第一印象，抓住開場的前幾秒很關鍵。塑造一個符合職業期許的專業形象，將為職場新人帶來更多的機會。

何不描繪自己希冀的未來形象？

通過描繪出清晰的目標形象，
一點點實現並給予他人這樣的印象！

在職場社交中，重要的並不是你是一個甚麼樣的人，而是你在他人心目中是一個甚麼樣的人。想要給他人留下一個好的印象，就需要我們有目的地進行印象管理。

描述出自己的未來形象

西方有句名言：「**你可以先裝扮成『那個樣子』，直到你成為『那個樣子』。**」那個樣子，其實就是我們預期的未來形象。

在平時的工作與生活中，我們不難發現，大多數成功的商務人士，看起來都會有一種自信、沉穩的氣質，他們的言談舉止也自然而然地給人們留下了深刻的「專業」印象。一個人如果看起來都不可靠，那麼他人也很難相信交付給他的事情可以

處理得很好。看起來成功的人，總是能贏得更多的機會。那麼在機會來臨之前，我們必須讓自己有一個清晰的職業形象。

首先，為自己設定一個心目中所期望的形象，然後一步一步地朝着這個夢想前進。比如，蔬菜公司裏內向羞澀的 Lara，希望三年以後，自己能夠擁有幹練、自信的精英女性形象。她應該怎樣做？在開始之前，Lara 需要思考兩個問題：如果我是成功人士，我希望留給他人甚麼樣的印象？在我所了解的成功人士當中，誰的形象與我夢想中的形象最為貼近？Lara 可以將希冀的職業形象照片張貼在她可以經常看到的地方；拿出紙筆，將他（她）形象中的可取之處具體到每一個細節都描繪出來，比如，氣質是怎樣的？服飾搭配有甚麼特點？說話是平易近人還是富有感召力？有沒有常用的或者特別的肢體語言？性格上有甚麼吸引人的地方？ ……然後依據這些具體的印象元素，Lara 可以從模仿開始，也可以結合自身的特點，為自己制定出詳細的形象改進目標。

另外，在平時的工作與生活中，有意識地訓練自己也很重要。多閱讀領袖人物、成功人士的傳記，讓自己按成功者的方式去思考；多學習重要場合人們的穿着打扮以及坐立行走的姿勢與狀態，讓自己的言行舉止都像一位精英人士；多模仿魅力人物的說話方式與肢體語言，讓自己散發出超強的感染力。

夢想中的形象一旦設定了，就不要輕易否定，要充滿自信

1.

未來形象與夢想設定！

一旦設定　　　　　　　不要否定

心目中所期望的形象　　有意識地訓練自己

① 服飾搭配　　　② 言行舉止

2.

明確動力、鞏固信心

不自信　　動力源　　艱難時刻

3.

循序漸進的印象管理

達成！　目標1　　目標2　　目標3

3個月　　　9個月　　　　2年

地去堅定執行。在外形上與成功者靠近，讓自己看起來就像是一個成功者，是我們邁向成功的第一步。

∷明確動力、鞏固信心∷

　　自己都無法相信的事情，別人也是很難相信的。而自信極富感染力，你的信心同樣能為他人樹立信心。對於公司的上司而言，都渴求充滿自信的人才。因為自信的力量，能讓上司們相信，這位員工可以出色地完成任務，達成公司的既定目標。而對於員工來說，他們也喜歡充滿自信的上級。自信的力量讓他們看到激情和希望，使他們能夠在工作中奮勇拼搏。自信是一種磁場強大的信念，它將人們引向成功。

　　自信與動力常常相輔相成。我們需要清楚自己為了甚麼而努力——是為了提升自己的工作能力，還是為了提高生活的質量，或者其他原因。明白了自己的動力源，也就能撐過不自信的艱難時刻。比如 Lara，想成為幹練自信的精英女性，是為了改變內向羞澀的自己，並提高生活的質素。那麼這些原因就是 Lara 行動的動力根源，能促使她鼓起勇氣、重拾信心去面對困難；而有了自信，則更會有動力去攻克眼前的困難。

　　因此，描繪出自己希冀的未來形象之後，要根據自己的動力根源為自己設定清晰的目標，並不斷鞏固信心，堅信下一

個成功者就是自己。在自己的衣着品位上，在自己的舉手投足間，都向成功者看齊，表現出成功者應有的形象。這種給予他人自信的印象，不單單是外表上的嘗試，更要從內心去建立自信，並堅定自己的信念，義無反顧地堅持下去。

循序漸進地做好印象管理

羅馬非一日建成，良好的職業印象也無法一蹴而就。**印象管理是一個循序漸進的過程，需要我們因時制宜地去完成。**從職場新人到職場老手，再到職場高管，人們所渴望的「印象」是有不同的。我們應根據自己的夢想設定，有步驟、分階段地去完成自己希冀的未來形象。

對於 Lara 來説，可以先擬定自己的職業形象規劃。比如第一年側重進行形體等方面的訓練，培養自己獨特的氣質；第二年學習專業的管理課程，讓自己更加專業；第三年通過提升業務能力，做到中層管理的崗位；第四至五年成為公司的中堅力量，擁有自信幹練的職業形象等。接下來進一步分解最近一年的目標——在形體、聲音、笑容和眼神方面，我需要做哪些優化和改進？每三個月我要達到一個甚麼目標？制訂合理、詳細的計劃，甚至可以具體到每天鍛煉身體多少分鐘，練習發聲與微笑多少分鐘……每當掌握了適合自己的方法時可以記錄下

來，方便在此基礎上繼續勤加鍛煉。

　　繼而我們可以進一步為自己做好印象管理：如果各項印象目標滿分是十分，一年後我應該分別達到怎樣的分數？一年以後，根據我們的印象管理成果，對長期目標和短期目標進行再次修訂和執行。如此循環往復、不斷改進，就可以幫助我們建立起日漸清晰的成功者印象。

課 後 作 業

基本

留給他人的印象，比自我的印象判斷更重要。職場中要有目的地做好印象管理，讓自己看起來就像一個成功者。先在腦海中形成這個意識吧！

活用

找到你的形象榜樣，從模仿開始練習吧。

第 **2** 章

提升印象力的 **基礎與關鍵**

職場新人，你是否有信心一路微笑着昂首前行？職場猶如戰場，你在勇往直前的過程中，只有不斷征服與你交手的人，才能獲取經驗值與智慧的寶箱。除了自身隱藏的本領與技能，你知道印象力也是一件關鍵的武器嗎？

4

基礎第一部：
管理外在形象

> 職場如戰場，
> 外在形象需要工具與行動來維護。

公司臨時安排我去給客戶送合約，為了給客戶留下好的印象，出門前我特地化了妝。可是路上下起了小雨，妝有點兒花了，頭髮也濕濕的。這是意外事件，客戶應該不會在意的吧？

整潔的儀表可以給他人留下好的印象，但是也需要我們時刻去保持，尤其是在職場中。出門在外，難免會遇到意外情況，這就需要我們考慮周到，提前做好準備，以便隨時隨地都能做好的印象管理。

你不需要天生麗質，但需要良好的儀表

人際交往中，我們往往通過自己的所見來對他人的職業、地位、學識、性格等方面做印象評定。初次見面時，最先映入眼簾的，就是對方的儀表。儀表是我們整個外在形象的總稱，它包含了我們的容貌、髮型、體態、着裝及配飾等。

一個人的儀表往往可以反映他的精神狀態，從而影響人們對他的第一印象。良好的儀表能呈現出乾淨俐落、積極向上的精神面貌，會讓人賞心悅目，並在他人心中留下愉悅的印象。這能成為人際關係的「通行證」，讓人願意與其接近並深入交往。想像一下，那些看上去乾淨整潔、修飾得當的人，是不是總會被貼上正面的印象標籤，諸如：精緻的、認真的、細心的。在職場中，這樣的效果更有利於工作的開展。而一個糟糕的儀容儀表，會讓人產生排斥甚至是厭惡的心理，從而有意地與其保持距離。

在職場中，人們很難相信，一個不修邊幅並且看上去總是糊裏糊塗、慵懶散漫的人，可以把工作做得井井有條。因為很多時候人們是從儀表中讀取資訊來判斷對方的專業能力和素養，比起履歷表，儀表更能帶來直觀的效果。這也是為甚麼面試官在挑選出滿意的履歷表後還要安排面試的原因之一。

作為職場人士，良好的儀表不僅僅是自身職業發展的需

求，也是公司形象的需要。在公司的經營過程中，為客戶提供的服務一般都是由員工來完成的。在客戶看來，一個形象邋遢、不在狀態的員工，可能代表着其背後的公司鬆散無序、管理不善。因而，我們看到很多在前線與客戶直接接觸的崗位招聘中，都會對應聘者的面貌、身高、性格等有所要求。新人入職後，還會進行相關的儀表培訓。

儘管不是每一個人都天生麗質，但是通過修飾、打扮，以及後天的培養，每一個人都可以擁有良好的外表。

印象需要嚴謹的維護

乾淨整潔

良好的精神狀態

直觀效果

修飾得體

細節：
常用小工具
隨身攜帶！

信賴持久

持之以恆

外貌整潔的兩個原則

　　想要在職場中做到外貌整潔，就要遵循兩個原則：一個是乾淨整潔，另一個是修飾得體。

乾淨整潔對照表

☐ 面容乾淨，沒有污垢。

☐ 衣服整潔，沒有污漬。

☐ 鞋面潔淨無塵，襪子無異味，女士絲襪無破損。

☐ 頭髮梳理整齊，不油膩、不掉頭皮屑。

☐ 勤洗澡，身上無汗味、異味。

☐ 口腔乾淨，齒面無食物殘渣，口氣清新。

☐ 雙手指甲不要過長，並定期修剪，指甲中沒有污垢。

☐ 不露鼻毛、腋毛，男士刮乾淨鬍鬚，女士妝容整潔。

修飾得體對照表

☐ 服裝不超過三種顏色，色彩協調。

☐ 服裝風格統一，正式場合穿正裝和皮鞋。

☐ 服裝與配飾適合辦公場合，不過於另類。

☐ 女士化淡妝，妝容適合職場，不誇張。

☐ 商務場合不穿背心、迷你裙、拖鞋。

☐ 女士不塗色彩明艷的指甲油。

☐ 使用清新淡雅的香水。

⋮維護好的印象，細節決定成敗⋮

你知道嗎？試圖給他人留下好的印象，從而費盡心力精心打造的良好儀表，很有可能由於意外的小狀況而功虧一簣。人們常說細節決定成敗，在印象管理當中，也是同樣的道理。為了應對意外狀況，我們必須在細節上做好準備。

維護好的儀表，自然少不了工具。那些常用的小工具應該放在我們的隨身袋裏。我們的袋裏至少應該有小鏡子、乾濕紙巾、口香糖、迷你兩用傘，女士的話還應該帶上補妝用品、梳子以及備用絲襪。在職場中，我們還需要注意以下形象維護的細節。

- 口香糖最好是條狀紙包的，瓶裝口香糖會隨着身體的活動發出嘩啦啦的撞擊聲。當着客戶的面不要嚼口香糖，這會顯得非常沒有禮貌。

- 在戶外工作後，要及時用紙巾清理面部、眼角、鼻翼、鼻孔以及耳朵、頸部的髒污及汗水。油性肌膚或混合性肌膚應定時用一次吸油紙。

- 盡量不在公共場合裏梳理頭髮或者化妝、補妝。如果有需要，應該避開他人，到洗手間內完成。梳理完頭髮後，清理掉衣服上粘着的斷髮及頭屑。

- 如果有細小碎髮或者新髮長出，最好隨身攜帶一小瓶髮

膠，為其定型。

- 與人面對面交流前，不吃有明顯氣味的食物。與人一同用餐，口中不能發出過響的聲音。口中含着飯時不開口講話。
- 飯後應該立即漱口，清除口腔殘渣，可以用茶水漱口，有助於清除異味。
- 在他人面前，不剔牙縫、不修剪指甲、不掏耳朵、不挖鼻孔、不搔癢、不摳腳。
- 因感冒而頻繁地咳嗽或打噴嚏時，與客戶事先溝通説明，建議改期約見;不能改期的，需要備好口罩和紙巾。
- 與人溝通得體，切忌太過熱情或者始終冷漠。在公眾場合交流，音量達到對方能夠聽清即可，不宜大聲喧嘩。

良好的印象管理，重在堅持

只要我們留心觀察就會發現，那些注重儀表的人，無論何時遇到他們，其得體的外在形象都會給我們帶來良好的交往體驗，因此他們才會給人留下深刻的印象。與人交往並非是一朝一夕的事，每一次接觸都是相互加固印象的過程。我們不能因為第一次給客戶留下了良好的印象，從此就掉以輕心。精心做足的印象功課，如果半途而廢，這其中的反差有可能令他人

對你失去興趣甚至是產生厭惡的情緒。**要記住，良好的印象管理，需要持之以恆地維護。**

良好的外在儀表並非一天就能營造出來，而是通過精心打理、定期維護形成的。從現在開始隨身攜帶整理儀表的小工具吧！只有長久的良好形象才能讓客戶對你產生深刻的好印象，繼而才會產生持久的信賴。

5

基礎第二部：
透過交流留下印象

> 不可忽視的形象傳達管道——
> 聲音、笑顏與眼神！

我想參加公司即將舉行的業務主任競選。為了能夠給大家留下「勝任者」的印象，我特地購買了更有質感、更合身材的西裝，並且修剪了一個看起來更精神、更陽光的髮型。這樣的形象是不是勝出的概率更大？

好的外在形象當然能夠給人留下深刻的印象。從不在意形象到主動提升形象，說明你已經開始重視印象管理，這是職場中成長的一種表現。但是，他人對你的良好印象並不僅僅來自你的穿着和打扮，它與你所使用的交流方式也息息相關。

一般情況下，人與人之間的第一印象，來自自己的親眼所見。接下來，當兩個人開始交談，我們就能從對方的聲音、笑顏和眼神裏讀取到更多的印象資訊。

真誠的笑顏，印象力的敲門磚

想像一下，此刻你的對面站着一位男士，他可以是任何一種社會角色。他與你交流時，比起面無表情、一臉沉悶，真誠微笑是否更容易獲得你的好感？

有人採訪美國金融巨頭查爾斯·斯瓦博是如何成為富豪的，他詼諧地回答：「我的笑容價值百萬美元。」的確，面對一位時常帶着笑容的人，人們更傾向於認為他的事業和生活都是成功的。這種正面的情緒不僅可以感染對面的交際對象，在人際交往中還能使他人產生一種被接納感。心理學家進一步認為，笑不僅僅影響人們的情緒，更影響人們的決策。人們在心情愉悅的狀態下，態度會變得積極和樂觀，做出的決定也充滿希望。

由此可以看出，保持笑容不僅能夠為我們在人際交往中的形象加分，還能夠將這種正能量傳遞給他人，使得人與人之間的障礙消除，從而進行更深入的交流。

當然，這樣的笑顏也是有講究的。真誠的笑容尤其具有打

動他人的魔力。因為當人們發自內心地感到愉悅並流露出笑容時，分佈在眼睛周圍的肌肉會接收到這種快樂的信號，讓眼睛也展示出迷人的笑容，令他人無法抗拒。

有人也許會說在職場中一直保持真誠笑顏很難。但其實通過我們對心態的調整和日常練習，也並不是不可能長期擁有打動他人的真誠笑顏。

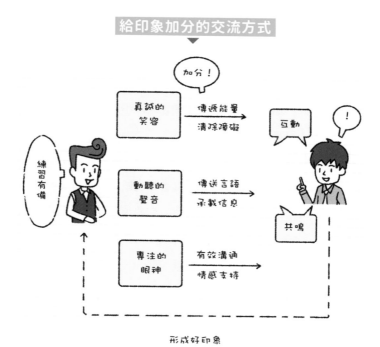

形成好印象

- 心懷感恩，每天感恩一個人或一件事。
- 與陌生人目光相接時，主動微笑，感受人與人之間距離拉近的力量。
- 將筷子橫着咬住，對着鏡子練習微笑。
- 把保持笑顏當作一種習慣。

我們開口説話，發出聲音，這似乎是一件再自然不過的事情。然而你知道嗎？聲音也有樂音與噪音之分。樂音是飽滿的，充滿活力的，含有豐富的感情；而噪音是刺耳的，單調乏味的，讓人產生厭煩的情緒。

很多人認為聲音本天成，即使聽起來不那麼悦耳也是沒有辦法的事。可事實並非如此，聲音是完全可以訓練的。「鐵娘子」戴卓爾夫人的外表和風度給人們留下了深刻的印象，但是她原有的尖細刺耳的聲音，曾一度給她的政壇工作帶來影響。後來，她請來音質專家做指導，重新開始練習發聲，令其變得柔和而更加適合公眾演講。這為她後來的政壇之路贏得了更多的支持。

在與他人的交流過程中，聲音不僅僅是我們的語言傳送帶，更是資訊的載體，它包含了非常豐富的、非言語之內的信息。最明顯的例子就是打電話。在通話中，我們並不能看見

對方，也沒有其他的資訊提示。兩個人交流的內容可能僅僅是枯燥的工作而已，但是我們可以從通話中感知到對方的狀態如何，對待工作是充滿信心還是毫無頭緒，是滿腔激情還是帶着怨氣，這些並不需要語言來直白地闡述，聲音已經向我們說明瞭一切。

富有活力的聲音讓人感覺精力充沛，寬厚低沉的聲音讓人感到安穩權威。這些動聽的聲音總是能夠牢牢地抓住人們的注意力，幫助強化我們的形象。

職場聲音的自我訓練

- 反覆觀看公眾演講，模仿演講者演說時的聲調、語氣及節奏。
- 有感情地大聲朗讀戲劇作品，體會不同情景下所需聲音的不同。
- 在日常交流中，語速適中，不宜太快或太慢。
- 説話時注意節奏，要有適當的停頓，留給他人思考、反應的時間。
- 聲音響亮不刺耳，透徹不含糊，鏗鏘有力，向他人傳遞信心。
- 正式場合要避免地方口音和不文明用詞。

⫶專注的眼神，共感的牽引線⫶

我們可以利用身體的很多部位去傳遞資訊，然而，最微妙的資訊卻在眼睛裏。在面對面的溝通中，比如職場會議、談判、競聘等，每個人都希望留給對方良好的印象。通過技能訓練，我們可以保持積極的笑顏、改變天生的聲音，然而眼神中傳遞出的資訊卻來自你的內心。你是自信還是自卑，你是興奮還是頹廢，你是信任還是懷疑，全都反映在你的眼神裏。

其實，人類天生就對眼神敏感，從進化的角度來看這並不難解釋。在早期語言還沒有出現時，人們外出捕食摘果，對抗猛獸，都需要協作，而眼神交流是最好的方式。即使是現在，還沒有掌握語言能力的新生嬰兒也用眼神來表達他們的情感與需求。

在職場中，我們每天需要面對各種各樣的人，能否有效地溝通，眼神交流起了很大的作用。**一個專注傾聽的眼神，可以讓對方感受到支持的力量，這種被信任的感覺會給人留下深刻的印象。而飄忽不定的眼神，通常被認為是「不感興趣」的信號**，會讓他人產生懷疑：「他到底有沒有在聽我講話？」

然而，專注的眼神並非長時間地盯視對方，那樣反而會讓人感到失禮，甚至被威脅。正確的做法是，在傾聽對方說話時，向其投以他所需要的情感支援的眼神，比如迫切的、讚許

的、認同的眼神等，以達到共感的效果，讓交流順利深入。為了避免不經意間出現長時間盯視的情況，除了對方的眼睛，我們也可以注視對方眼睛與鼻子之間的三角區域、對方的衣領部位。這樣既不會讓對方產生尷尬的情緒，也能讓對方讀取到你眼神中的資訊。有共鳴與互動的交流，自然會讓他人對你產生好印象。

職場
筆記

　　好印象不僅僅來自得體的外在形象，我們的笑顏、聲音和眼神也同樣會對它產生深刻的影響。平日裏只要掌握好方法並多加練習，注意交往中的禮儀與禁忌，就一定能為我們給別人的印象加分！

考慮場合而學會變化

" 出席不同場合前先做出主動判斷，
正確着裝提升印象力！ "

來公司有兩個月了，沒想到給大家留下的是「刻板」的印象。同事說因為我無論甚麼時候都穿着行政裝，給他人的感覺就是一成不變。得體的行政裝可以提升我的職場印象力，可是穿上以後為甚麼會適得其反呢？

行政裝可以提升一個人的專業形象，它也是大多數人的工作着裝。但這並不意味着我們隨時隨地都要穿着它。在不同的場合，面對不同的人群，我們應該有所變化，講究着裝與人、與場合的和諧。

⋮⋮你的着裝正在悄悄告訴對方你是怎樣的人⋮⋮

美國心理學家亞伯拉罕·馬斯洛在《人類激勵理論》中提出人類有五種需求，它們分別是生理需求、安全需求、社交需求、尊重需求和自我實現需求，由低層級向高層級依次實現。着裝對於我們人類而言，正是經歷了這樣的過程。它在不同的階段滿足着我們不同的需求，由最初的生理需求——遮羞、保暖，發展到了社交需求——裝扮自己，引人注目。如今在職場上，着裝被越來越多的人重視，因為它需要滿足我們更高的需求，即尊重需求和自我實現需求。

法國時裝設計師香奈兒曾經説過：「你穿得邋邋遢遢時，人們注意的是你的衣服；當你的穿着無懈可擊時，人們注意的是你。」

在人際交往中，一個人的穿着打扮往往反映着他的職業身份、審美品位、社會地位以及文化素養。同時，我們也通過自己的着裝去表達自己：我是怎樣的一個人。在潛意識裏，我們想要留給他人甚麼樣的印象，我們就會據此來裝扮自己。比如，想要展示自己的活潑，我們會穿上色彩艷麗的着裝；想要表現自己的成熟，我們會選擇簡潔深色系的套裝等等。着裝已經成為一種無聲的語言被我們應用。那麼，在不同的場合下

應該穿甚麼樣的服裝呢？我們只需記住一個原則即可，那就是「和諧」，人與服裝和諧，服裝與場合和諧。

下一刻我會遇見誰 —— 人與服裝的和諧

美國科學家富蘭克林曾說過：「飲食也許可以隨心所欲，穿衣卻得考慮給他人的印象。」在思考穿上哪一套服裝更亮麗或者更帥氣之前，不妨先想一想，接下來我會遇見誰？對方的性格特徵、所在的行業以及在這次約見中我們與誰同行，扮演甚麼樣的角色，都是我們需要考慮的因素。

如果對方是比較保守的人，我們穿上嘻哈風的服飾顯然是不合適的。還沒有開口交談，對方可能已經在心裏給你一個 dislike 了；而面對思想新潮的人，我們的穿着如果太過古板，會讓對方質疑你與他之間是否有共同語言。在嚴肅的行業裏，人們的穿着一般趨向於簡潔、大方、色彩單一，比如科研人員、醫務工作者等；而在時尚氣息濃厚的行業，人們的穿着更傾向於彰顯自己的個性，比如設計師、歌手等。**在職場中與不同性格、不同行業的人約見時，我們可以在穿着上略投其所好，給對方留下「品位相投」的印象，拉近彼此之間的距離。**

和不同身份的人同行，我們的着裝也應有所區別。與上司、客戶同行，適宜穿着端莊大氣、面料有質感的服飾，用以

展現公司的美好形象以及雄厚的實力;與勞動工作者同行,則舒適大方、適合勞作的工裝服更為合適。同時,要考慮在這次約見中,自己是主動角色還是被動角色。會被大家的目光所聚焦的,是主動角色,比如上司、講師、主持人等。反之則是被動角色,如來賓、觀眾、參會人員等。

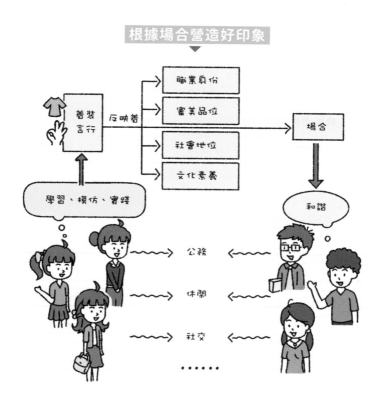

在着裝上，主動角色應比被動角色更加講究、隆重；被動角色不宜穿得太過引人注目，以防帶來喧賓奪主的負面效果。

下一刻我會在哪裏 —— 服裝與場合的和諧

在不同的場合裏會有不同的文化與社會規範，我們在着裝上需要符合這些隱形的要求。沒有人會相信，連穿着打扮都理不清的人，會將生活和工作安排得井井有條。「分清場合，穿對服裝」既是尊重他人的表現，也是展示自己、享受不同文化的機會。

●嚴肅的公務場合

辦公時間裏，得體的穿着打扮不僅能夠展現個人的精神面貌，還能夠帶動工作氛圍。在較為嚴肅的場合，西裝是着裝的首選。一身筆挺、有質感的西裝能夠給人留下「有文化」「有教養」「有風度」「有權威」的印象標籤。

然而，並非將西裝穿在身上就會立刻有這樣的效果顯現，還有一些細節需要我們注意。首先，在出席正式場合的時候，身上的服飾以及手袋的顏色不能超過三種，襪子與鞋子同色或顏色相近。其次，如果是新購置的西裝，要將袖口處的商標拆掉。最後，不能穿休閑鞋搭配西裝，應當穿上潔淨無塵的皮鞋。

在嚴肅的場合，僅僅擁有得體的着裝是不夠的。不得體的言行舉止會令我們精心打造的形象功虧一簣，甚至給他人留下輕浮的印象。我們需要做到表裏如一，言行上也要認真謹慎，才能給予他人專業細心的印象。

●活潑的休閑場合

與工作時間的嚴肅着裝相比，休閑場合裏人們的着裝要輕鬆得多。無論是團隊拓展、部門聚餐還是集體出遊，「舒適、自在」是這種場合下着裝的首要考慮因素；其次，無論我們選擇哪種風格的休閑裝，都應盡量保持整體協調。比如Ｔ恤配牛仔褲、合身的運動套裝等都是永遠不會出錯的經典搭配。實際上，休閑場合的着裝體現着我們社會角色的延伸，我們可以在此時展現自己的個性；即使是與職場夥伴、上司一起活動，只要着裝不標奇立異就沒有問題。在這種場合下，人們都比較放鬆，言行沒有太多的拘束，適當的幽默與搞怪能夠增添不少活躍的氣氛。這些都能夠幫助我們豐富留給他人的印象。

儘管在休閑場合我們的穿衣打扮有很大的自由空間，但這並不意味着我們可以隨意穿着。低廉劣質的面料、長短不一的線頭、肆意凌亂的褶子、毫無風格的混搭，都會使你留給他人的印象減分。因為在大多數人看來，無拘無束的你才更接近真實的你。在完全放鬆的情況下毫無形象可言，很難在他人那裏取得信任。

●正式的社交場合

社交場合是指工作之餘在公眾場合和同事、商務夥伴友好地進行交往應酬的場合，它包括舞會、宴會、音樂會、聚會和拜會這五種。社交場合是一個注重禮儀且氛圍輕鬆的場合，因此在着裝與談吐舉止上不能太過嚴肅，亦不能太誇張。

社交場合的着裝主要有午服、小禮服、晚禮服之分。午服又叫略禮服，是白天外出做正式拜會訪問時穿的服裝。小禮服介於午服與晚禮服之間，又叫准禮服或雞尾酒會服。晚禮服是女士正式禮服的最高層級，也是充分展示身姿與個性的禮服。即使是少有機會穿禮服，作為職場人士，也應備上一兩套面料高檔、做工精細的禮服，以備不時之需。

對於職場新人來説，不同的場合下需要穿甚麼樣的服裝，除了需要學習以外，更需要時間來模仿和實踐。在前期拿捏不準的情況下，我們可以遵循下面的安全着裝法則：鞋子、腰帶、公事包同色或相近；黑、白、灰是和諧色，與任意顏色都搭配；不穿過於雜亂、鮮艷、暴露、短小、緊身的服裝；男士穿西裝時，全身顏色控制在三種以內。

職場
筆記

在職場中，我們的着裝不僅體現着個人的素養，也代表着公司的形象。面對不同的人和不同的場合，我們應當學會因時因地着裝，既要遵循社會規範，又要尊重他人，不能僅憑個人喜好來做決定。

能否「演出」到底

> 印象的打造其實就是
> 特定形象的自我演出。

在不同的場合下，面對不同的人，我們的表現有所不同，留給他人的印象也就不同。這樣會不會讓他人覺得我們很虛偽呢？待人處事就好像在演戲一樣。

我們的生活本身就是一個大舞台，每個人都有自己需要扮演的角色，我們是在因時因地按照自己的角色來演出。當你的表演符合這個角色的設定時，人們往往就會認為，你就是本色出演。

生活就是一齣舞台劇

週五的辦公室裏總是一派熱鬧的景象，同事間相互調侃，或是聊着八卦，話題一個接着一個。這個時候，總經理來了，為了維護自己「好員工」的形象，大家立刻回到自己的工位，開始緊張忙碌地工作。昨晚陪客戶到凌晨的總經理，實際上早已疲憊不堪，為了維護自己「好老闆」的形象，他不得不放棄舒適的睡衣，穿上西裝，打起精神準時上班。前台的接待處姐姐在電話中被不理性的顧客罵了個狗血淋頭，在面對下一個來電時，為了維護「好公司」的形象，快要流出眼淚的她，聲音依舊甜美。這樣看起來，每個人都在表演。

美國社會學家戈夫曼提出了「戲劇理論」一說。該理論認為：**社會是一個舞台，全體社會成員是在這個舞台上扮演不同角色的演員。**他們都在社會互動中表演自己，塑造自己的形象並更好地達到自己的目的。實際上，我們的日常行為，並不是自己的本能反應。它是在特定情境下，為滿足他人期待和自我期待而進行的活動。在公司裏一向雷厲風行的高管，到了家裏可能是溫言細語的父親、事事順從的兒子。這是因為在不同的情境下，他承擔了不同的社會角色，需要滿足他人不同的期待。在公司，他滿足員工「有領導力」的期待；在家裏，他滿足孩子「和藹可親」的期待，滿足父母「孝順懂事」的期待。

如果我們的行為不能滿足角色期待，他人就會覺得難以適應。比如，公司肯定無法接受穿着拖鞋去上班的員工，不僅僅是上司，連身邊的同事都會覺得不可思議。

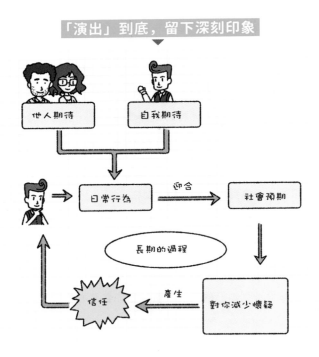

「演出」到底，留下深刻印象

他人期待　自我期待

日常行為　迎合　社會預期

長期的過程

信任　產生　對你減少懷疑

演出到底就會成為本色演出

我們作為生活的表演者，其實和藝術舞台上的演員是一樣的。單純靠外在的着裝和打扮，註定不能成為一個優秀的演

員。那麼，怎樣才能演出人們所期待的角色形象呢？

我們首先需要弄明白的是，對於自己在某個特定情境下的角色，他人會有怎樣的期待？——列出標準，然後嚴格地按照理想中的標準去執行。例如，作為一名初進公司的員工，想要展現踏實、肯幹、願學的形象，那麼應該甚麼時間到達公司，到了公司以後第一件事應該做甚麼，在工作比較空閒的時段需要做哪些事，遇到不懂的問題如何向老員工請教等。

每一個舞台都有台前和幕後，表演者在台前努力演好角色，到了幕後就會卸下角色的包袱放鬆自己。在生活中我們也是如此。儘管每個人都有不同的角色，但是只要還在角色的狀態裏，我們就會努力迎合社會對這個角色的預期，拼命想要做一個好演員。而到了幕後，比如回到家裏，或者一個自己獨處的私密空間，就是我們放鬆休息的時刻了。但這並不意味着在幕後我們就完全沒有表演的成分存在。我們會有一種針對自我的表演，將自己塑造成自己喜歡的形象，比如喜歡健碩的自己，就會去運動健身；喜歡有學問的自己，就會去博覽群書。

在鏡頭前形象專一深情的男歌手，在私下竟被拍到出軌片段；對觀眾來說，那一刻的落差感是很強烈的。在我們的職場生涯中，這種情況也會經常發生。例如一位深受大家愛戴的上級，突然被曝出經濟醜聞，這違背了員工們對他的預期形象，就會招來大家強烈的不滿，之前的好印象會大打折扣。我們將

這稱為「形象崩壞」。因此，表演並非是一時的行為，而是始終伴隨着我們的生活，我們需要演出到底。

對於職場新人來說，常見的錯誤行為是，為了留下良好的第一印象花了很多的工夫做準備，最終也見到了成效，但是由於不善於做印象管理，沒有持續並強化自己的角色表演，很快就代入了與社會期望不相符的形象，反而使負面形象加深。**當我們表現的行為與人們對角色的預期不相符時，人們就會對你曾經的表演產生懷疑。**反之，當我們的「表演」一直符合人們的預期，人們就會減少懷疑，逐漸產生信任，認為這是你的本色出演，對你的印象也越來越深刻。舉個很簡單的例子，作為同期入職的新員工，Lara 每天都準時到公司，而 Oliver 偶爾會遲到，那麼在身邊同事們的印象裏，Lara 才是遵守時間、認真律己的那個人。

印象管理是一個長期過程，我們不能只顧經營好第一印象，而忽略了後面的持續印象。確定好自己的角色，嚴格按照標準執行並且「演出」到底，你就會成為你想成為的那種人。

形象代入法

打造良好形象，留下可靠印象。

應對不同場合感到吃力的時候，代入相對應的擅長此領域的憧憬對象吧！

對於初入職場的新人來說，也許還沒有來得及做好準備，就需要應對各種各樣的商務場合了。如何能夠在緊張的節奏中保持良好的形象，做到萬無一失呢？實踐證明，向他人學習是最便捷的辦法。

向他人學習，是快速提升印象力的捷徑

第一次與客戶談合作，第一次主持會議，第一次組織行業活動……職場新人總是會面對一個又一個的第一次。怎樣去說，怎樣去做，怎樣才能夠給他人留下深刻而美好的印象，是

每一個職場新人都需要去思考和解決的問題。對於一項新的知識或者技能，我們一般有兩種途徑來學習，一種是自我摸索，一種是向他人學習。顯然，向他人學習會更快一點。不妨説，模仿與學習是我們人類重要的生存技能之一。因此，在印象管理方面，我們不妨向那些成功人士學習，以此來提升自己的印象力。

一個人之所以會成功，一定是他的身上具備許多優秀的品質。這些品質可以説是成功的精華所在。這就為我們提供了寶貴的可供模仿學習的經驗。尤其是在提升印象力方面，成功人士的言行舉止我們可以直觀獲得，學習起來也就更加容易。從而，我們可以減少出錯的概率，少走許多歪路，在更短的時間內提升自己的印象力。

嘗試形象代入，言行都向榜樣學習

找到一個合適的學習對象很重要，因為它會直接影響我們的學習成果。成功的人士有很多，但並不是每一個都適合我們去模仿學習。如果金融圈的從業者，向藝術圈的標杆人物學習着裝打扮、言談舉止，這顯然就不太合適了。所以，最好是選擇自己所在行業的領袖人物，因為他們的職場形象與自己的角色更加相符。一個正確的榜樣，不僅能夠激勵我們去實現自己

的夢想，更是在一言一行上為我們做出了良好的示範。如果在日常的行為舉止中，我們能夠不斷地嘗試形象代入，想像在此情此景下，榜樣會有怎樣的言行，然後按照他的標準去做，那麼我們的專業形象就會不斷地得到提升。

如何來學習榜樣的言行呢？首先，我們可以將想要學習模仿的成功人士的照片，張貼在醒目的位置，隨時提醒自己要向對方學習。我們可以觀看這位傑出人物的公眾演講視頻，閱讀有關他的傳記、報道，以及他寫的書，參加他的講座等，了解關於他的一切。接下來細致地羅列出在不同的場合下，他的穿衣風格、形象特徵、說話腔調、行為方式、肢體語言甚至面部表情等。在平日裏有意識地對照着模仿學習。當我們遇見應對吃力的場合時，我們就可以使用形象代入法，按照榜樣的着裝打扮和言談舉止去面對。在最初的時候，我們可能會感到有些不自然，但是只要不斷地去模仿、重複、堅持下去，就能夠做到習以為常了。

子曰：「三人行，必有我師焉。」除了向領袖式的人物學習，我們還可以向身邊的人學習。無論是我們的上司、同事還是客戶，只要對方在某方面給我們留下了深刻的印象，我們就可以去探究其背後的原因，然後嘗試形象代入，模仿學習。通過不斷地改進，就能做好印象管理，提升我們的印象力。

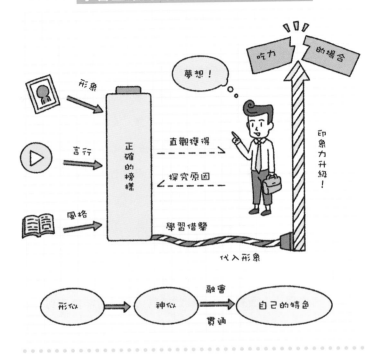

在學習中不斷升華和超越

　　模仿有兩種境界，一種是「形似」，一種是「神似」。在印象管理方面，我們的模仿並非單純地複製他人的行為，而是要學習行為背後的動機，從「形似」走向「神似」。有句話是

這樣講的：「善學者，學根本，是為勝；不善學者，學皮毛，必敗無疑也。」盲目地模仿學習，是很多職場新人愛犯的錯誤。比如只學習他人穿西裝繫領帶，卻不學習服飾的搭配，於是導致穿錯顏色、衣裝配錯鞋子等情況；或者生搬硬套他人的裝扮而不注重細節，結果出現職業套裝嚴重不合身等狀況，反而給人不精緻、粗心大意的印象。我們在學習的時候，不能僅看外在表像，而是要先弄清楚為甚麼。當我們真正了解到他人在個人印象管理方面成功的原因所在，才能夠脫離單純的模仿，融會貫通地形成自己的特色印象。

課 後 作 業

基本

模仿是學習的開始，不斷地應用形象代入法，不斷地做自我形象修正，就可以從「形似」做到「神似」，提升印象力。

活用

找出你心中的職場榜樣，羅列出他在個人印象管理方面值得你學習的地方。

第 **3** 章

提升印象力實用
技巧大盤點

職場是提供成長的土壤，但也是競爭的修羅場！

即使遞出了名片，為甚麼他人還是記不住自己？今天也淹沒在人群裏了嗎？怎樣才能比他人更快地打通前進的關卡？本章中各種實用的小技巧教你塑造脫穎而出的職場形象！

8

樹立形象標誌

> 從外觀的細節開始，
> 打造並演好自己的角色！

自從學習了印象管理以後，我就開始注意自己的形象，也模仿他人的言行舉止，但感覺效果並不明顯。比如上週參加了一個招商會，會後我與那些交換過名片的人聯繫，能感覺得出來，他們大多對我沒甚麼印象。這真令人沮喪。

羅馬非一日建成，想在短時間內給他人留下深刻的印象也並不容易。它需要一些時間和技巧來逐漸加強。模仿成功人士的穿着打扮、言談舉止，可以幫助我們準確而快速地進入角色，但是盲目地模仿，則會讓我們失去辨識性。

每個人都有與眾不同的標誌

博士的助手 Kiko 初到蔬菜批發公司輔助大家提升印象管理技能時，面對着裝整齊、面孔陌生的眾學員，最常用的溝通方式是，「請這位戴黑框眼鏡的同學來回答一下」「你是這裏身高最高的，麻煩你帶領大家到室外集合」……諸如此類的例子，在我們的日常生活中也很常見。每個人的身上都有一些標誌性特徵，可能是具有個人標誌性特點的服裝、配飾、表情、動作和習慣等。**之所以能夠成為標誌，不僅是因為它在某些方面的與眾不同使得人們更容易識別，還因為它的反覆出現加深了人們對它的印象。**

毫無疑問，標誌性特徵影響着我們的工作與人際關係。在公司的對外會議上，主持人的挑選會優先考慮「口齒伶俐的人」，也許恰好大家都認為你是這樣的人；公司新開拓的業務通常不會交給「缺乏責任心的人」，儘管這也許是你一直想嘗試的新領域；或者你一直期待能與同事們共進午餐，但是在他們的眼裏，你是一個喜歡獨來獨往的人，所以不便打擾……類似這樣的場景每個人都或多或少地經歷過。我們很容易發現，正面的標誌性特徵會讓我們擁有機會，而負面的標誌性特徵則會讓我們失去機會。

為甚麼貼在我們身上的「標誌」會影響到我們的生活呢？

因為它讓人們在處理問題、做出判斷時變得省時又省力。我們每天都要接收和處理大量的資訊，而人的精力總是有限的，這個時候大腦會選擇走捷徑，將資訊快速分類，留下最容易識別和記憶的那個，而其他的資訊常常就被忽略掉了。一個人的「標誌」雖然來自他人的「資訊分類」，但是很顯然，我們可以為自己設計「正面的標誌」，以此來加深留給他人的好印象。

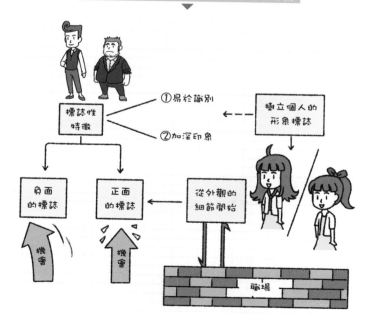

形象特徵能加深印象、增多機會

喬布斯在生前的每一場發佈會上,都以高領針織衫、牛仔褲和運動鞋的形象出現在大家的面前,形成了一種標誌性的穿着,打造了一個嚴謹的形象,令人印象深刻。一個人想要樹立自己的標誌性形象,可以從多方面開展,而最容易着手練習且效果顯着的,是外觀上個性化的細節。在職場上,我們需要專業的着裝來傳遞「信任與權威」的資訊,但是這並不意味着我們的服飾就必須千篇一律。要知道,在同樣的裝扮下,我們很難發現人與人之間有甚麼不同,更何況這種裝扮可能已經造成視覺疲勞。因此,**在職場着裝的基礎上增加一些個性化的元素,是我們跳出這種削弱辨識性的職場困境、彰顯與眾不同的好方式。**

Lara 初來公司時,依自己的個性喜好來穿着打扮。在學習印象管理技能的過程中,她開始注重職業化的裝扮。為了驗證自己的學習成果,私下裏她詢問 Kiko:「我現在的形象如何?」Kiko 認真地打量後回答:「看起來比以前專業,但是缺乏個性。」這令 Lara 非常困惑,職業化與個性化更像是兩個對立面,這兩者怎麼能做到協調統一呢?

其實,想要擁有既職場化又個性化的形象並非難事,只要我們從細節處入手就可以了。首先對自己的形象與氣質做一個

綜合分析，了解自身的長處與短處。然後以揚長避短的原則來增強個性化的細節標誌，比如：服裝的顏色與款式、配飾的風格與質地、頭髮的長短與造型、眼鏡的形狀與材質等。和大多數職場新人一樣，Lara 穿的是黑色西裝加白色襯衣，這種隨處可見的搭配自然難以出眾。如果配上一條絲巾，那麼就能增添不少色彩。不同花色的絲巾可以表現不同的個性，Lara 可以根據自己的角色定位來選擇。想要表現熱情與活潑，可以選用色彩鮮明一些的；想要表現理性沉穩，可以選用素色的。甚至絲巾的各種系法，都可以用來展現她的個性，從而成為別人眼中的「標誌」，被人們快速而深刻地記住。但要注意的一點是，個性化的細節設計是建立在職場基調之上的，拿捏好個性化的度，才不會出錯。

只要留心觀察我們就不難發現，成功的職場人士都有「標配」。也許是固定的着裝風格，也許是常年佩戴的飾品。這些「標配」其實就是他們個人形象的標誌。這些標誌的反覆出現加深固化了形象，令他們成為人們眼中「令人印象深刻」的人。

巧用顏色與圖案增強暗示效果

同樣款式的套裝，不同的顏色是在傳達不同的資訊；同種顏色的領帶，不同的圖案隱藏着不同的含義。同樣的東西，不

同的顏色與圖案，會給人們帶來不同的聯想。想要給他人留下不同的印象，不妨借用它們去增強暗示效果。

●職業套裝的顏色暗示

黑色：獨當一面，沉穩內斂

白色：完美主義，高標準，幹練高效

棕色：溫和敦厚，善於傾聽，親和力強

灰色：優雅低調，堅強聰慧，中性主張

紅色：熱情勇敢，活躍，行動力十足

黃色：積極向上，溫暖樂觀

綠色：心胸寬闊，蓬勃可塑

藍色：穩重，智慧，寧靜

紫色：藝術氣息，神秘

粉色：溫柔體貼，善解人意，幸福

●商務領帶的圖案暗示

素色：低調，百搭

方格：活潑，輕鬆

碎花：體貼，文藝

縱線：安然，嚴謹

橫線：平穩，鎮定

波紋：活力

圓形：規律

以上是一般情況下，不同顏色、不同圖案的職業套裝和商務領帶會給人們帶來的暗示。職場新人們也可以在此基礎上自己體會並實踐總結，巧用顏色與圖案，給他人留下對應的場合所需的良好印象。

每個人的形象標誌就如同一件商品的商標一樣，它既能展現出個人的與眾不同之處，又能被人們快速地識別。基於職場基調，花些心思為自己設計一個具有個性但不過分的形象標誌，並不斷地去重複強化，就能夠留給他人專業又易辨識的深刻印象。

顯示弱點以退為進

> 有時不說話也能留下印象，
> 擇機露出弱點也是一種進攻。

實習期結束，主管為了鍛煉我，讓我獨自約見潛在客戶溝通合作意向，但是進展得並不順利。每次見面，我都不停地在講我們公司及產品的優勢，可是大家根本沒有興趣聽，總是找個託詞就離開了。是因為我的形象不夠專業嗎？

「不停地講優勢」才是問題的根本所在。不關注溝通的對象，不了解對方的想法，自顧自地講話，會讓人覺得「不被尊重」。而一味地講優點，不僅會給人留下「自大」的印象，還會讓人質疑內容的真實性。

Chapter 3.提升印象力實用技巧大盤點　79

每個人都有向他人傳遞信息的表達欲，當我們渴望着向對方訴説自己的所見所聞、所思所想時，對方亦是如此。在一次印象管理的學習課上，負責記錄進程的 Kiko 向大家提出了一個問題讓每個人討論。在場的人都急於表達自己的想法，結果只聽見聲音四起，但是每個人到底説了些甚麼，誰都不知道。在工作中，人人都需要表現的機會。有的職場新人想獲得他人更多的關注與認可，總是非常積極地去表達，以爭取給他人留下深刻的印象。殊不知，**有時少説多聽的人才更受歡迎。**

人際關係的建立，是以交流為基礎的，它增進了彼此之間的了解。很多人不懂交流的藝術，認為交流就是説話，其實不然。**交流是雙向的，它意味着有説有聽，即交流雙方之間，一方在傳送資訊時，另一方需要接收資訊。**也就是説，我們需要先接收對方傳遞過來的資訊再做回應，而不是無論對方説甚麼，我們都只説自己想説的話。那不是交流，只能稱之為自言自語式的表達。Oliver 與潛在客戶談合作總是碰壁，第一個問題就出在「不停地講」上面。他沒有仔細傾聽對方的需求和想法，在對方的眼裏會被看成是一個「不會交流」，甚至「無法交流」的人，對方自然也就沒有繼續聊下去的欲望。

不説話很簡單，管住自己的嘴巴就可以。但如何聽，而

且善於聽，是需要技巧的。做一個好的聽眾，首先要表現出真誠，當一個人「在真誠地聽」，他的面部表情與「假裝在聽」時是完全不同的。除去真誠，傾聽還需要有耐心。即使觀點不同，我們也要聽對方把話講完，不能隨意地打斷。在聽的過程中，適時地做出一些回應，可以是表情也可以是動作。這些細節都會讓對方感受到被尊重，從而對傾聽者留下良好的印象。

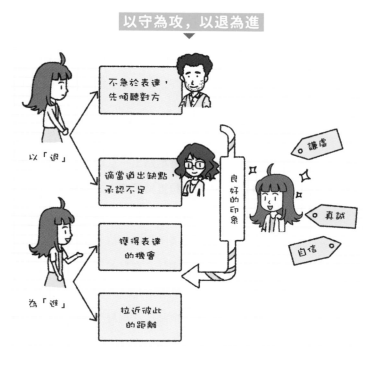

以守為攻，以退為進

以「退」

不急於表達，先傾聽對方

適當道出缺點，承認不足

獲得表達的機會

為「進」

拉近彼此的距離

良好的印象

謙虛

真誠

自信

不急於表達，仔細地聆聽對方說話，其實更能夠獲得表現的機會。在愉快的交流過程中，說話者總是會希望獲得傾聽者的資訊反饋，可以有來有往地交流。而仔細聆聽的狀態，也會引起說話者非常強烈的興趣，想要迫切了解你此刻的想法。這不失為一個以退為進的好策略。

主動露出弱點令他人願意與你接近

人無完人，金無足赤，在大多數人的眼中，太過完美的人是有距離感的，難以接近的。而從那些不完美的人身上，大家總能找到共鳴，感覺彼此都是同路中人，從而更願意與之接近。

在人際交往中想要給人留下好印象，除了主動出擊外，還有以退為進這一招——**擇機適當地露出一些弱點，不僅不會讓自己的形象大打折扣，反而會拉近與周圍人的距離**。當你想與他人拉近距離的時候，可以謙虛地透露一點自己不擅長的地方，讓對方感到人情味，自然會情不自禁地搭起話來。露出弱點的時機在於雙方真誠交談、氛圍較為寬鬆的情況下。當然，我們主動暴露自身的弱點，並不意味着毫無保留，而應有所選擇，尤其是在職場中，我們要選擇那些無關緊要的弱項。一位會計如果向老闆及同事坦承自己行事一向馬虎，那會讓人在內

心對他的工作能力畫上大大的問號。

擇機適當地道出缺點，甚至會讓他人感受到你的真誠，大大地提升對你的信任度。在一次交談中，Lara 向客戶坦誠，公司批發的蔬菜賣相不如市場上的好看。因為都是有機蔬菜，公司盡可能保持蔬菜的原貌，不作修剪。最終，客戶下了不少的訂單，因為在他看來，真實是難能可貴的。而那些長得不那麼好看的蔬菜的外觀，在他的眼裏也變得不那麼重要。

另外，敢於承認自己的不足，也能夠給他人留下「自信」的印象。因為缺乏自信的人會拼命掩飾，想方設法地「藏短」，其背後的深層動機是「自我美化」。而那些認識到自己的缺點並渴求改進的人，潛意識裏是希望「自我提升」。相較而言，人們更願意接近那些積極上進且平易近人的人。

不說話先聆聽、擇機露出弱點 —— 這些也能給人留下好印象，是不是有點出乎你的意料？不過切記，在與人交往的進退之間需要掌握一種平衡，以讓對方感到舒適為原則。切不可只圖表現自己，不顧對方感受！

內向的人也要
逆流而上

"
巧妙運用熟悉性原則,
調節接觸頻度留下好印象。
"

我是性格比較內向的人,屬於在人群中很少被人注意到的那種。儘管一直很清楚職場社交的重要性,也很羨慕社交中的那些焦點人物,但是我還是不善於和他人打交道。這樣的我應該從哪裏去突破、提升印象力呢?

每個人的性格特徵中都有優點和缺點,這是很正常的事,我們要學會接納它。懂得揚長避短的人,一般留給他人的印象都不會差。對於不善社交的人來說,循序漸進地增強別人對自己的好感是穩妥且易實現的辦法。

⁞⁚ 人們總是偏愛與熟悉的人接觸 ⁚⁞

在蔬菜批發公司所有的同事當中，Lara 與 Oliver 的關係很好，在工作中彼此照應。因為兩人同期進公司，又一起參加新人培訓，所以彼此間熟悉了起來。愈是熟悉，Lara 愈是把對方視為職場中的「友好夥伴」。

Oliver 也有着類似的經歷。作為業務員，Oliver 初入職場就跟着主管去參加各種各樣的行業會議。起初，因為與大家都不熟悉，主管與同行交流時，Oliver 只能在一邊旁聽。隨着參加這類會議次數的增加，Oliver 發現總是能碰見一些熟悉的面孔。大家由最初的點頭示意到打招呼寒暄，到最後聊起各種各樣的話題，經歷了一個愈見面愈熟悉，愈熟悉愈有好感的過程。

社會心理學家認為，人們會偏好自己熟悉的事物。一個事物只要經常出現，就能增加人們對它的接受程度，這被稱為「熟悉性法則」。關於這個法則其實不難理解。遠古時代人類的生存環境惡劣，抵禦能力弱，每時每刻都面臨着未知的危險。而面對頻繁出現的事物，人類心理上會對其產生熟悉感，這種「熟悉」在一定程度上慢慢代表了「安全」。於是人類會漸漸放下戒備之心並嘗試與之接近。透過熟悉性法則，我們很容易找到提升印象力的方法。那就是：**在人際交往中，如果你希望得到某個人的好感，就多找一些機會出現在對方的面前。**

調節接觸頻度留下好印象

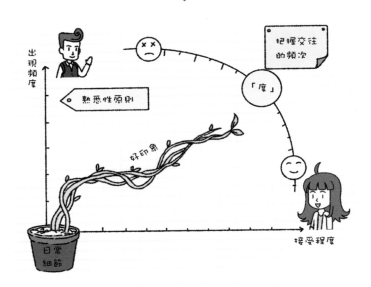

從日常細節開始快速建立熟悉感

　　即使是不善於社交的人，也能通過「熟悉性法則」提升自己的印象力，只要在一些細節方面稍加注意就可以了。頻繁地出現在對方面前，並非指雙方一定要面對面接觸，而是指增加交往的頻次。

　　我們可以通過各種各樣的方式來實現，比如打電話、發郵件，以及在一些社交平台上互動等。即使彼此還不熟悉，主動

與對方打聲招呼，也能讓對方注意到你。如果能夠準確叫出對方的稱呼或者名字，更能夠加速提升這種熟悉感。在一些正式或非正式的會議、聚餐上，主動與對方坐鄰座，既能讓對方熟悉自己的面孔，又能增添更多的溝通機會。這些都是一對一增進好感的方式。

我們還可以借用工作中的諸多機會，「一對多」地來讓更多的人熟悉自己。經常和同事們共進午餐、與一起加班的同事分享小零食、在會議上積極地發言、踴躍地參加集體活動等，這些細節都能幫助我們在人際關係中「破冰」，與周圍的人越來越熟悉，讓他人對自己越來越有好感。

熟悉性法則是把雙刃劍

熟悉性法則發揮作用的前提是第一印象不能太差。如果一開始就給他人留下了不好的印象，那麼就要通過其他的方式來改善，否則經常出現在對方面前只會適得其反。還有一種情況，熟悉性法則也不完全適用。那就是雙方對彼此並沒有甚麼特別的好感，也沒有甚麼互相反感的理由，當兩個人不接觸時，沒有甚麼矛盾，而一旦接觸，雙方的矛盾就增多。這種情況下，減少出現次數雖然不能增進好感，但至少不會破壞原本的印象。

雖然熟悉性法則能夠增加彼此的熟悉程度，從而提升印

象力，但是過度地出現在對方面前反而會降低好感，帶來負面效果。要避免這一問題的出現，關鍵在於把握交往的頻次，同時不能採用千篇一律的接觸模式。要知道，長時間地接受同一種資訊，人們很容易產生倦怠和厭煩的情緒。例如，有些職場新人把社交平台當作印象管理的工具之一，為了給他人留下好印象，對於他人發佈的資訊全部讚好按「like」。偶爾的讚好可以讓對方感受到你對他的關注。但是如果每一條資訊都讚好，會讓對方感覺你只是隨手一讚而已，這個讚好沒有甚麼實際的內容與含義。這樣的「頻繁出現」顯然不會讓他人對你產生好感。與其盲目讚好，不如時不時地在他人的資訊下發表一個用心的留言，通過文字的交流和情感的溝通來建立熟悉感，會讓人印象更深刻。

職場
筆記

　　熟悉性法則在我們的日常生活及工作中隨處可見。它在無形中影響着人與人之間的關係。熟練掌握這一法則，在細節處正確運用，在禁忌處及時控制，就能加強留給他人的好印象。

抓緊機會，雙倍出擊

> 趁熱打鐵，抓住時機雙倍提升印象力！

上週去參加展會，收集到不少客戶名片。原以為就此可以展開業務、增加不少訂單，令人尷尬的是，今天按照名片上的聯繫方式去給客戶打電話，對方不記得我是誰了。怎樣才能加深初次見面的印象呢？

人的記憶力是有限的，即使有過一面之緣，彼此有過簡單的交流，事後完全不記得對方也是很尋常的事。如果不能在短時間內給對方留下深刻的印象，那麼就需要我們雙倍出擊，在事後趁熱打鐵、及時跟進，逐步增強給他人的印象。

職場中，有事沒事常聯繫

　　人們在社交之後與人臨別之時，有句常用語，叫「得閑飲茶」。即使是正式的場合，也會道一句「再見」。再見的意思並非是各奔東西再也不見，而是期待能夠再一次見面。這都說明，人與人之間的關係是靠多次接觸建立起來的。

　　越來越多的職場新人已經意識到職場人際關係的重要性，只要有機會與精英人士接觸，都會非常積極地索要名片。他們認為收到的名片愈多就是認識的人愈多，這樣有利於工作的開展。

　　而事實上，對於厚厚的一疊名片，很多人要麼從來沒有聯繫過，要麼拿起電話不知道該怎麼聯繫。有時即使是聯繫上，對方也早已忘記你是誰，溝通的效果自然也就不那麼理想。**這些從未真正派上用場的名片變成了廢紙，它不能代表你已經與名片上的聯繫人建立起了真正的人際關係。**

　　可見，一面之緣很難建立起穩定的關係。初次相識時建立的人際關係最為薄弱、不牢靠，這個時候就需要我們趁熱打鐵，及時地跟進，與對方多多接觸，不斷地給對方留下印象。

交換名片之後完善記憶

在與他人交換名片之後，我們可以借助紙筆或者手機等電子產品，在最短的時間內記錄下對方的信息。這些資訊可以是他的公司概況、工作能力、興趣愛好等。這樣可以幫助我們更好地記住對方。如果有機會，與對方拍一張合影更佳，既能增進感情，又方便存儲記憶。

及時聯繫、跟進關係、加深印象

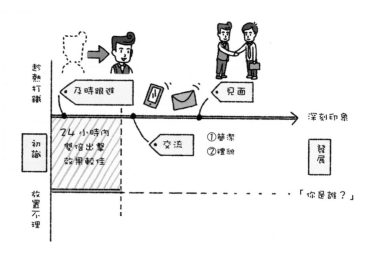

在與對方加深關係的時候，我們可以將照片發送給對方，令其對我們的形象記憶猶新。即使沒有合影的機會，也沒有關係，我們可以借用其他的工具，比如，在郵件的個人名片中，植入自己的工作證件照。

與初識的人跟進關係的注意事項

一般來説，在與人初次見面後的廿四小時內，跟進雙方關係的效果比較好。發郵件、打電話或者通過網絡社交工具進行聯繫都可以，具體要看你所在的行業氛圍和行業習慣。

如果是在氛圍嚴謹的行業，發郵件是最佳的選擇，既顯得正式，又不會打擾對方；如果是氛圍比較輕鬆的行業，打個電話或者在社交工具上發送資訊，都是可以的。而一旦超過一個星期沒有聯繫，彼此初識的熱情則已不在，甚至很有可能對方已經忘記了你的模樣。

在開始的階段，我們可以多聊一些雙方都感興趣的話題，或者是工作上相關的交流。此時千萬不能提出請求對方幫助自己的要求，不然會讓對方對你產生負面印象，認為你和他的頻繁接觸帶有很強的目的性，從而有了防備心理，不願與你再深入交往。

對於建立更穩固的印象而言，**線上溝通十次不如真實見**

面一次。所以，如果可能的話，把對方約出來，一對一地當面交談，可以令你們的關係增進不少。這種邀約可以是工作性質的，也可以是私人性質的。在邀約的時候還要注意對方的時間安排，千萬不可強行邀約，給對方的工作和生活帶來困擾。

關係跟進的郵件應該怎麼寫

這裏我們側重介紹聯絡郵件的注意事項，是因為在很多正規的社交禮儀與商務的辦公場合中，發郵件是關係跟進首選的聯絡方式。寫郵件的好處是：方式顯得謹慎有禮，內容可以邊想邊表達，溝通時邏輯清晰。給對方發郵件之前，我們最好先了解一下對方的背景，比如個人履歷、公司背景等。這樣做既有利於在後續的溝通中不會唐突，也方便我們展開話題交流。

第一次跟進的郵件，書寫的內容一定要簡單，不要拖泥帶水，長篇大論。可以寫一點具體的內容，與當時見面的場景或者談話的內容相關最好。比如感謝對方組織的活動，對方的某個觀點令人受益匪淺等，這樣雙方都有共同的記憶和溝通的話題。最好不要寫過多的「真高興認識您」「認識您是我的榮幸」之類的客套話語。這樣除了會得到一個同樣客套的郵件回覆之外，對方並不能對你有甚麼特別的印象。

郵件內容簡單並不意味着我們的禮儀也得簡單。在郵件的

末尾，一定要附上自己詳細的聯繫方式，包括姓名、職位、公司名稱、電話、傳真、電子郵箱、網址、公司地址等，給對方留下正規的印象。將這些資訊做成帶有個人照片的名片形式，放在郵件的末尾，效果會更佳。

職場筆記

　　印象管理是一個不斷重複，不斷加強的過程，即使在一面之緣後給對方留下了深刻的印象，如果不能及時跟進，雙倍出擊，這種印象也會隨著時間慢慢淡去。有技巧地跟進，可以讓你達到事半功倍的效果。

把記憶種植在別人腦中

> 留下印象、讓自己的名字
> 被他人記住的簡單技巧！

來公司有一段時間了，可是最近我尷尬地發現，公司裏的同事能夠準確叫出我全名的很少。這是不是說明我給大家留下的印象並不深刻？怎樣才能讓大家記住我的名字呢？

對於還不太熟悉的人來說，如果我們能夠準確地叫出對方的名字，那麼說明對方已經在我們的腦海裏留下了或淺或深的印象。與其千方百計地想要讓他人記住我們的名字，不如先喊出對方的名字引起他的注意。

⫶記住他人的名字就能獲得印象加分⫶

名字對於每一個人來說都有着非凡的意義。它不僅是一個人區別於他人的重要符號，還是個體「形」與「神」的載體。當我們提及一個人的名字時，會喚醒對這個人的整體印象的記憶，他的形象會浮現在我們的腦海裏。每個人都渴望得到他人的尊重，這其中就包括我們的名字被他人準確地記住這一項。

Oliver 對此深有體會。在最初與同事們交接工作的文件中，有的同事誤將他的名字寫成 Olivier 或是 Oscar。雖然讀音相似，Oliver 也明白這是彼此間還不熟悉的緣故，但仍然覺得誤寫的名字中帶着一種沒有被認真對待的態度。好在樂觀的 Oliver 與大家溝通了自己的想法，名字不僅沒有再被誤寫過，反而讓更多的人加深了對他的印象。

其實，如果我們想要他人記住自己的名字，不如首先去記住對方的名字。因為人們總是盡量以相同的方式，來回報他人為自己所做的一切。這就是心理學中着名的「互惠關係定律」。美國着名的人際關係學大師卡耐基説過，「**如果想要給人好感，最簡單、最明顯而又最重要的方式，莫過於能夠隨口喊出對方的名字**」。對於初次見面的人來説，想要記住對方的名字確實是一件難事。然而，正是因為這眾人皆知的困難被打敗，才能給對方帶來意料之外的驚喜感，從而讓對方留下深刻的印

象。不僅如此，因為被尊重而引發的好感，會讓對方立刻對你產生興趣，迫切想要記住你的名字並且深入地了解你。如果見面或者電話溝通時，只是覺得對方「似曾相識」，卻遲遲想不起名字，不得不詢問對方是哪一位，此時雙方都會覺得氣氛尷尬。

眾所周知，職場中的人際關係在一定程度上影響着我們的工作。因而，記住他人的名字既是一種社交禮儀，也是一項有利於開展工作的基本能力，它能幫助我們做好人際交往中的印象管理。

記住對方名字，會促使對方也記住你的名字

記住他人的名字就能獲得印象加分

我們總是驚歎那些隨時能夠記住他人名字的人擁有超強的記憶力。其實這種記憶力並非天生，而是通過有目的、有技巧的長時間訓練形成的。想要快速記住他人的名字，我們可以通過以下的方法來練習。

●觀察法

對於第一次見面的人，在溝通的過程中，我們可以通過觀察對方的外在特徵、說話方式以及習慣性動作等，把這些具體的內容與名字結合起來記憶，這樣名字就變得不那麼抽象了。

●聯想法

對於外在特徵、性格特徵，或者是名字比較特別的，我們可以採用聯想法來記憶。把這些內容聯想成一個與名字掛鉤的備注點，以此記住對方的名字。

●重複法

在對方介紹自己的名字的時候，我們要仔細聆聽。如果聽得不太清楚，或者對個別字不能確定，我們可以請求對方再說一次，也可以在聽清楚以後當即重複一次。這樣做既能加深印象，又能讓對方感受到被重視的誠意。

●記錄法

這個方法適合有固定座位的場所，比如辦公室、會議廳

等。職場新人面對陌生的同事，可以先畫出公司的座位簡圖，然後依次寫下各個座位上同事們的名字。接下來反覆將座位上的人與記錄表上的名字比對，多次重複之後就能準確記憶了。

●故事法

每個人的名字背後都有一段故事或者一個寓意。我們可以通過了解對方名字的由來，使名字中看似偶然組合在一起的字變得更有趣味性，從而方便記憶。

●合影法

向初識的人主動邀請合影，能夠很好地傳達出「很高興認識你」的信息。如有機會聚餐，在飯後可邀請大家合影，之後我們可以立即在照片上標示上對方的名字，或者將照片上載到社交平台。多次查看後，不僅能夠記住對方的名字，對對方的形象也會記憶深刻。

職場筆記

互惠關係定律告訴我們，當對方從我們這裏獲得尊重時，其通常也會回報以尊重。因此，想要被他人記住名字，先從記住對方的名字開始吧！

印象演繹技巧

加入適當的小心機 —— 給他人
留下頭腦聰明的印象!

　　每一位職場新人都會對自己未來的職場之路有所期待,因此在初涉職場時,內心都會強烈地尋求認同感。如何讓對方感覺自己頭腦聰明、足夠專業、綜合能力強?跟上行業節奏,掌握最新術語,是我們加固印象力的必備小訣竅之一。

用專業術語傳遞專業信息

　　專業術語一般是由專業人員通過大量的研究與實踐之後做出的提煉,它是語言濃縮後的精華。大多數情況下,專業人員在內部溝通時都會使用專業術語來交流。因為常用的專業術語大家都能明白,毋須過多的解釋,這就提升了溝通的效率和準確性。

輔助印象培訓的 Kiko 一開始就向蔬菜批發公司的員工們講解了甚麼是「印象管理」。在後續的交流中，就一直使用「印象管理」這一專業術語。如果每次 Kiko 都將專業術語展開來說，比如將「我們需要做好印象管理」說成「我們需要做好管理和控制他人對自己所形成的印象的過程」，顯然既累贅又增加了溝通的成本。

既然專業術語是專業內容的高度概括，那麼在一般人看來，溝通過程中能夠熟練運用專業術語的人，就是掌握了該領域專業知識與技能的人。因而，如果想要給對方留下足夠專業、能力很強的印象，**不妨多掌握一些專業術語，並且在交流時靈活運用。**

了解與掌握專業術語並不一定要局限在自己的行業，我們還可以跨界。如今沒有任何一個行業是獨立存在的，隨着互聯網、新興科技的飛速發展，行業與行業之間的跨界合作也越來越多。多掌握一些時下熱門領域的專業術語，比如品牌推廣時會用到的 SEM（search engine marketing，搜尋引擎營銷），倉儲管理中會用到的 SKU（stock keeping unit，庫存量單位）等，這些跨領域的熱門術語可以讓對方對你刮目相看，認為你是一個頭腦聰明、綜合能力很強的人。**對於那些熟悉這些術語的人來說，也更加願意與你交談。**他們會認為遇到了一個「懂行情」的人，你已經給對方留下了專業的印象。

正確使用術語，塑造專業形象

術語A 術語B

專業術語　術語
術語　　　專業術語
術語　　　術語

分清場合，
正確運用術語

亂用術語會給人
留下負面印象

正確理解術語

靈活的表達方式

以「有效溝通」為準則

好厲害！

甚麼啊？
不對吧！

場合A

場合B

∷分清場合，用對術語∷

　　熟練而又準確地運用術語，可以為我們的印象加分；但是頻繁使用術語甚至亂用術語，卻會給我們帶來負面影響。

　　Lara 剛做客服時就因為專業術語的問題多次碰壁。每當有客戶向 Lara 了解她公司的產品及服務時，Lara 都會非常熱情地介紹公司是批發有機蔬菜的 B2B（企業對企業）和 B2C（企業對消費者）定制平台。但是往往沒聊兩句，客戶就沒有再繼續了解的欲望了。

　　因為一開始，Lara 就用專業術語將客戶攔截在外。專業術語雖然能夠提升溝通效率，但是它的最佳使用範圍是在行業內交流，即在有相關領域知識的人們之間。對於日常消費者來說，「有機蔬菜」「B2C」這樣的概念是生疏的、模糊的。Lara雖然向他們做了介紹，但是這樣的資訊傳遞方式無疑是無效的。**專業術語要說，但是甚麼時候說、應該怎麼說、跟誰說，都是我們需要學習的技巧。**

　　在溝通過程中，我們以「有效溝通」為準則，即我們的表達要能夠讓對方明白且理解無誤。在上述的例子中，Lara 向客戶介紹的內容如果改為用術語加通俗易懂的解釋來表達，效果就會好很多。比如「我們是專門做有機蔬菜批發的 B2B 和 B2C 定制平台——有機蔬菜就是不使用農藥化肥，B2B 和

B2C 定制就是我們根據企業或消費者個體所下的訂單，針對他們的不同需求來採購並批發。」這樣的溝通方式，既體現了專業性，又能夠讓不熟悉專業術語的人準確理解。

面對不同的人，即使是描述同一件事，我們也需要學會靈活運用不同的表達方式。如果對方是對於專業術語的接納有明顯滯後性的人，比如年長者，這種情況下就沒有必要說專業術語了。盡量以通俗易懂的語言去表達，反而能增加好印象。人與人之間溝通的目的就在於彼此能夠更好地傳達資訊並理解對方。

另外，即使是面對專業的人，頻繁地大量使用專業術語誇大自己的實力，想要以此來獲得對方的認可，反而會給他人留下目中無人、驕傲自大的印象，同時這也是缺乏自信的一種表現。對於職場新人來說，最常見的錯誤，除了頻繁使用專業術語，還有對專業術語的不求甚解——對於術語的理解只停留在表面，紙上談兵甚至錯誤使用。這種情況，很容易被職場老手識破，之前留存的好印象都可能會毀於一旦。所以**在運用專業術語之前，我們需要在腦海中對其有一個基本定義的確認過程**。倘若對術語的用法與含義並非十分肯定，則應避免盲目使用，並在事後迅速查找相關資料進行學習和鞏固。

課後作業

基本

使用專業術語能夠提升溝通效率，為職場印象加分。在實際運用中要分清場合和溝通對象，亂用術語、濫用術語都是需要竭力避免的。

活用

列出二十個與你所在行業相關的專業術語，並深入地學習它們直到能夠靈活運用。

第 4 章

被忽略的
印象攻略

戰士請等等！暗藏玄機之處是否有所遺漏？你今天遇到同事也面無表情地擦肩而過，作戰會議遲到五分鐘，你卻只是道個歉……這是不行的！在日常不起眼的小環節裏，也有能磨礪你的印象力的各種機會！

13

兩聲招呼的力量

> 簡單的招呼也能體現你的協調性，
> 確立你的形象！

在上個月的員工互評考核中，我收到了「不夠熱情」的評價，原因是平時與大家碰面沒有主動打招呼……我感到很委屈，這並不是真實的我，沒有打招呼是因為我跟大家還不熟悉，不知道應該怎麼說……

想要給他人留下好印象，先從影響身邊的人開始。作為職場人士，同事對我們的評價很重要，它是我們在做印象管理的過程中一個重要的資訊反饋。日常打招呼，是樹立良好形象的開始，無論熟悉與否，我們都應主動打招呼。

兩聲招呼的力量

見面打招呼是人與人之間的基本禮節，它能夠體現一個人的品格。對於公司新人來説，主動與同事們打招呼，能夠讓大家更快地認識你，是與周圍人快速熟絡起來的法寶。反之，每次碰面都漠然或者迴避，沒有任何語言及動作的交流，會給他人留下「難以接近」的印象。這顯然會影響到我們的職場人際關係和日常工作的開展。

職場的「兩聲招呼」，不僅可以幫助我們處理好與上司及同事的關係，還可以為自己贏得不少印象分。**上下班時主動與人打兩聲招呼，可以展示出對他人的關注與尊敬，體現我們的真誠。**看似簡單的打招呼，形成一種習慣後，就能使自己留給他人的好印象越來越真實、深刻。

打招呼也有講究

在公司裏，我們每天都會和許多同事碰面打招呼，然而真正的打招呼不是空談，它也是講究的。不恰當的打招呼方式，不僅不能增加好的印象，反而會破壞我們的形象。那麼，如何正確地向他人打招呼呢？

● 微笑

　　如果你不知道如何與他人打招呼，那麼就先給對方一個微笑吧。微笑是人與人之間表達愉悅的一種方式，是我們與他人溝通情感的重要語言。面帶微笑地同身邊的同事打招呼，可以讓他們感受到你發自內心的友好與真誠，從而消除彼此間的隔閡，減弱防禦心理。如果你在這方面還不太擅長，可以每天對着鏡子練習。

●聲音

除了微笑之外，打招呼的聲音也非常重要。聲音太小含糊不清，對方聽不真切，會感覺你並非真心實意地想打招呼。當然，聲音太大以致嘈雜也不好，會讓對方摸不着頭腦，甚至有不被尊重的感覺。實際上，打招呼的聲音以雙方可以聽清楚為宜，可以正常交流就好，毋須刻意掩飾或者宣揚。同時要注意，打招呼時的語速不能太快，否則有敷衍之嫌。

●表達專注

在打招呼的時候，無論是微笑示意還是開口說話，我們都要看着對方的眼睛，這是對他人的基本尊重。如果在與上司打招呼的時候左顧右盼，會讓人感覺有意躲閃，顯得非常沒有自信。一般來說，我們在與他人打招呼過後，對方都會有回應。如果有交談，一定要仔細聆聽對方說的話，切不可未等對方說完就急急地走開。

●變換方式

總是用同一種招呼用語顯得單調乏味，其實我們可以有一些變化。除了常用的「你好」、「Morning」等，我們也可以根據天氣情況或同事身上的亮點，比如新髮型、新着裝等來打招呼。經常變換一下話題能給人帶來新鮮的感覺，繼而加深對你的印象。

●留意稱呼

對於初到公司的新人，還不太熟悉怎麼稱呼別人時，則需要多多留心觀察了。聽聽身邊同齡或同級別的同事是如何稱呼對方的，用心記下來，下次遇見也用同樣的稱呼主動與對方打招呼，往往能夠給對方帶來一絲意想不到的驚喜，從而對你印象深刻。

打招呼也有禁忌

打招呼切忌不分場合與情境。比如午休時間，迎面看見同事剛剛從洗手間出來，這時候你問一句：「吃過飯了？」顯然就不合適。下班時與同事道一句：「回家啦？」有明知故問之嫌，遠不如道一聲「明天見」來得更漂亮、更讓人有所期待。在公共場合遇見同事，如果距離比較遠，那麼不用大喊大叫地打招呼，注視着對方，當兩人目光相遇時，微笑着點頭示意就可以了。在電梯裏遇到認識的人，打招呼時則不可以談與個人、公司隱私相關的事情，更不能拿對方的弱點當眾開玩笑。

打招呼切忌囉唆，這是一種禮節，有時一個真誠的微笑示意，或者簡短的一聲招呼語足矣。比如對方可能正有任務在身，而你反覆向對方找話題閒談，不顧及他人的感受，就會給對方留下囉唆的印象，以致下次碰面避之不及。

　一個人身在職場，如果不能給身邊的同事留下好的印象，那麼既難以順利開展工作，也難做好印象管理。上下班的兩次招呼是職場中的小事，卻是迅速拉近人際關係、樹立好形象的開始。

五分鐘的等待價值

為自己創造從容不迫的空間，
才會有更多的機會。

公司近期將舉辦一次客戶答謝會，雖然沒有
組織這方面活動的經驗，但是我很想挑戰一
下自己。然而當我去申請的時候，上司直接
拒絕了，理由是我上班經常遲到。我很困惑，
上班遲到和組織一場活動有甚麼關係呢？

上班遲到和是否有能力組織一場活動，看似
沒有必然的聯繫，但是經常遲到的人會給他
人留下「沒有時間觀念」「不注重效率」的
不良印象。在時間就是金錢的商業社會中，
人們很難對不遵守時間的人產生信賴感。

⠿遲到總是讓我們錯失機會⠿

　　人們往往會通過一些小事來判斷對方的性格特徵，其潛在的意識是為了更好地了解這個人。這樣的了解可以讓我們擁有一定的預判能力，判斷當他遇見某件事時會有怎樣的行為。雖然這種預判並不是百分之百的準確，但是它是我們的大腦快速處理繁雜資訊的一條捷徑。從職場的角度來說，這種預判的目的就是為了降低出錯的概率。因此，上司因為 Oliver 經常遲到的問題而拒絕他的申請，就變得很易理解了。上司不希望將公司的這個重要任務交給一個很可能會出差錯的人。

　　時間對於每個人來說都是一樣的，而成功者不過是更好地利用了時間。無論是在商業活動中，還是在職場社交圈，「誠實守信」都是排在第一位的。而遵守時間恰恰就是「守信」的一種表現。反之，經常遲到會讓人覺得你缺乏可靠度。對於經常遲到的人來說，總是有太多的「意外」發生，比如「熬夜了」「起晚了」「堵車了」「臨時有事耽誤了」……這些看起來是外部的原因，其實大多都是為自己的拖延而找的藉口。

　　如果你真心不想遲到，你就能夠做到不遲到。經常遲到的人，其實潛意識裏一直認為「遲到一會兒沒甚麼大不了的」。可事實是，遲到會損壞我們給他人留下的好印象，總有一些遲到會讓我們錯失機會，也許是至關重要的會議，也許是

心儀已久的崗位，也許是三年一次的晉升⋯⋯到最後，讓我們後悔不已。

當經常遲到已經成為一種習慣，那麼我們就需要一個新的好習慣來打敗它。養成提前五分鐘等待的習慣，會讓你的世界大不一樣。

留出五分鐘的時間去等待

無論是上班還是開會，面試還是赴約，請提前五分鐘到達，預留出等待的時間。提前到達，可以讓我們從容不迫，為每一件事做好充分的準備；提前到達，可以讓我們遵守時間，不失信於人，獲得他人更多的尊重與信任。

●上班前的五分鐘等待

Oliver 雖是職場新人，但是似乎每天都是忙忙碌碌的，總是很晚才休息。負責記錄印象管理項目的 Kiko 向他了解情況後發現，Oliver 並不是因為工作任務繁重而忙碌，他的忙碌是由不注重時間的價值，做事拖延導致效率很低造成的。並且，晚上經常熬夜打遊戲、追劇，因此早上起床困難，總想貪睡五分鐘。於是就出現了上司說的經常遲到的現象。

其實對於我們來說，多睡五分鐘與少睡五分鐘，並沒有甚麼區別。然而早起五分鐘，可以讓你從容面對一天的工作與生

提前五分鐘，留下好印象，等待新機會

活；而晚起五分鐘，會容易讓你感覺一整天都處在疲於奔命的狀態中。

提前五分鐘上班，給上司以及同事們留一個「我很重視這份工作」的好印象。利用好這五分鐘的等待時間，打開電腦，整理一下辦公桌面，泡上一杯清茶，然後查看自己的工作備忘錄，開始梳理一天的工作流程。當他人百米衝刺只為打卡，或

在路上千般焦急、萬般無奈時，你對一整天的工作已經了然於心。在上司者的眼裏，對工作愈是從容不迫的人，看起來就愈是有自信、能夠勝任工作。

●開會前的五分鐘等待

無論所處的公司是大型或是小型，作為職場人士都會頻繁經歷各種會議。其實，會議也是工作的一部分，它是內部溝通工作的重要形式。因此，在會議組織者的眼裏，按時開會是一件很重要的事。而不少的職場新人往往忽略了這一點，對會議不夠重視，於是經常出現時間剛剛好才到達會議室，或者總要晚幾分鐘才開會的現象。如果這個時候上司已經到場，那麼顯然留給對方的不是好印象。而周圍的同事也因為等待你的到來，不得不拖延會議時間，這勢必會引起大家的怨言，造成負面影響。因而，提前五分鐘到達會場，很有必要。

●下班前的五分鐘等待

每到臨近下班的時刻，Oliver 都會上個廁所，久久未回。偶爾一兩次可以理解，但是經常這樣做，在他人的眼裏這種明顯的「等待下班」的行為，可能就是「無所事事」「喜歡偷懶」的信號。

如果不是很緊急，去廁所的時間完全可以安排在正式結束一天的工作之後。在下班前五分鐘的等待時間裏，我們可以對一天的工作做一個小結，與同事們溝通一下工作上的進度或者

障礙，然後對第二天的工作列一個大致的計劃，做到善始善終。

●赴約前的五分鐘等待

參加面試，或者與客戶約見，提前五分鐘到場，會讓對方對你印象深刻。你的準時赴約，會讓對方感受到你的重視與真誠。面試官喜歡遵守制度的人選，客戶喜歡信守承諾的合作夥伴。

在這五分鐘裏，我們可以整理一下自己的儀表，梳理一下要溝通的內容，放鬆一下自己的心情。當我們以一個自信從容的狀態去與他人交流，對方也能感受到這種良好的溝通氛圍，會願意與你有更多的交談，對你有更多的了解。提前五分鐘的等待，就是給自己創造更多的空間與機會。

職場如戰場，再繁重的工作都需要我們有條不紊地去處理。做每件事之前，都提前五分鐘，不僅能夠讓我們遵守時間，更能讓我們從容面對工作，給他人留下「自信且有能力」的好印象。

LESSON 15

尋求意見，
切磋交友

❝ 在大膽尋求建議中巧妙獲取盟友。 ❞

主管要我們每個人做一份客戶關係管理的方案，但是我從來沒有做過，不知道從哪裏下手。我很想去問問主管或者同事，但是又擔心大家會認為我能力不足，專業知識欠缺。如何處理工作中遇到的問題，才不會給他人留下負面印象呢？

每個行業都是在不斷地發展變化的，沒有哪位職場人士能夠保證自己可以應對所有問題。遇到自己解決不了的問題，虛心向他人尋求建議其實是個不錯的方法。這樣做既能有效地解決問題，又能給人留下好的印象。

職場中，善問的人更被看好

職場也是賽場，勝出的人往往得到更多的機會。大多數職場新人雖然沒有太多的工作經驗，但是也懂得職場競爭的殘酷。為了能夠給上司以及同事留下好的印象，有些新人選擇了「埋頭苦幹」。他們在工作中遇到任何問題，都自我摸索、自我求證，從不向他人求助，意欲塑造一個兢兢業業、勤勤懇懇、善於鑽研的好形象。殊不知，這樣的行為可能已經在周圍人的眼裏留下了有點孤傲、高冷、不合群的印象。

「羞於求助」是職場新人常見的表現之一。有的新人認為，向他人求助是一種無能的表現，會被上司及身邊的同事看低。其實不然。近年來，哈佛商學院有研究發現，積極、虛心向他人尋求建議，不但不會顯得愚笨，反而是一種有能力的表現。

尋求建議的舉動是智慧的

由於知識體系與人生閱歷的不同，每個人的思考都會存在盲點。盲點即認識不到或被忽略的地方，它的存在意味着我們暫時無法單靠一己之力來解決問題。那麼，向他人尋求建議就是一件非常自然的事情了。實際上，尋求建議並不代表我們缺乏獨立思考的能力，因為一個問題並非只有一種解決辦法，而

巧妙提問切磋，留下印象獲取盟友

主動思考
智慧

尋求建議是一種間接的讚美

被認可了！印象↑升級

工作問題

開放式問題

解決問題的途徑之一

帶有引導性的範圍限制性問題

尋求建議本身就是解決問題的方法之一。同時，虛心尋求建議的行為會給他人留下善於溝通、積極主動、充滿自信等印象。

另外，**向他人尋求建議也可以被看作間接讚美他人的一種方式。** 我們向上級尋求建議是在表達尊重之意，向同事尋求建議是在表達欣賞之情，向下屬尋求建議是在表達信任之感。尋求建議的行為代表着我們認可對方的見解與能力，我們重視對方獨到的想法。這樣的求助不僅不會讓對方產生反感，反而會令其對你印象深刻，並拉近建議者與你之間的關係。

如何讓建議者成為盟友？

當我們向他人尋求建議時，其實已經是在無形中讓建議者站到我們的角度上來思考問題了。因而為了更好地爭取到盟友，我們在向對方提問時應當注意要講究技巧。

●盡量不提開放式的問題

向他人尋求建議時提出開放式的問題，並不能幫助我們快速地解決問題，反而可能造成無謂的時間浪費。如果 Lara 向周圍的同事請教如何做客戶關係管理的方案，對方很可能會給出一個寬泛的建議；如果還要再細化到裏面的內容，就會愈聊愈多，更有可能直至諮詢結束，Lara 也依然不清楚具體操作的方向。如果是向上司這樣提問，那麼必然會導致上司對其產生

疑問：這明明是安排給你的工作，為甚麼要反過來問我呢？

●盡量不提二選一的問題

這類問題是指對方在回答時答案只能二選一，非 A 即 B。比如 Lara 向他人尋求建議時問：「客戶關係管理就是指如何維護與客戶的關係對嗎？」那麼對方的回答就只能是「對」或者「不對」。如果對方不願意再繼續聊下去，或者沒有更多的時間與精力來溝通，那麼這個話題就終結了。對於 Lara 而言，並沒有甚麼太多的收穫。

●大膽提出帶有引導性的範圍限制性問題

限制性問題是指給對方一個具體的討論範圍，從大的概念落實到具體的事項上。而引導性是指在提問的過程中，引導對方從自己思考的角度去剖析問題，這樣有助於我們更有效地獲得解決方案。Lara 可以這樣向他人尋求建議：「關於客戶關係管理，我想依據 RFM 模型從最近一次消費（recency）、消費頻率（frequency）、消費金額（monetary）這三個維度來談。想請您幫我分析一下，這個角度的利弊在哪裏？具體應該怎樣去論述才會更適用於公司的現狀呢？拜託！」

∴尋求建議更需要我們主動思考∵

向他人積極尋求建議，並不意味着我們將所有的問題都抛

給對方，而自己只是坐享其成。事實上，**尋求建議更需要我們去主動思考**。首先，向他人提問之前，應當考慮這個問題是否適合諮詢。膚淺的問題只會讓印象減分；其次，我們要思考如何提問才能獲得更好的答案；最後，諮詢結束並不代表着事情的完結，我們應當結合對方的建議和自己的想法，思考並整理出完整的解決方案。如果能夠將方案遞交建議者過目，讓對方再指點一二，那麼這個印象分會增加不少，也更能拉近你與建議者之間的距離。

　　向他人尋求建議並非是軟弱無能的表現，注意方法與技巧，尋求建議可以成為我們在職場晉級的助推器。我們也可以在平常多多留心觀察周圍的人是如何向他人尋求建議的，以獲取更多方法與經驗。

同路人的情感共鳴

> 通過情感接納，
> 給對方留下志同道合的好印象。

因為工作原因，我平時與人溝通較多，自認為做到了態度誠懇，靜心聆聽。但是，我能感覺出來大家都沒有興致與我長談。工作上的內容畢竟是有限定的，不能甚麼都談。怎樣才能改善溝通中給人的這種枯燥乏味的印象呢？

人與人之間的溝通其實包含着內容與情感兩方面的資訊。只注重溝通內容，不注意溝通情感，這樣的交流自然不會多麼有趣。在溝通的過程中，用心去感受對方的情感以達到共鳴的效果，會令對方感覺找到知己，從而更願意與你長談，並由此對你印象深刻。

∷ 產生情感共鳴是最好的溝通結果 ∷

　　管理學大師彼得·德魯克說：「**人無法只靠一句話來溝通，總是得靠整個人來溝通。**」可見溝通並非單一的內容傳遞。有效的溝通意味着資訊被準確地傳達與理解。對於聆聽的人來說，接收資訊很簡單，理解資訊就沒有那麼容易了。除去能力差異以外，是否準確理解資訊是很關鍵的一點，這也是為甚麼上級下達同樣的工作指令，不同的員工會給出不同的結果。如果能夠做到溝通雙方對事物的看法與理解基本達成一致，那麼這個溝通無疑是高效的，也是最好的結果。這種一致性叫作**情感共鳴**。

　　想要在溝通中實現情感共鳴，我們就要學會換位思考，即有同理心。它是指站在對方的立場上，設身處地地去感知、把握與理解對方的情緒和情感。一旦雙方對這種認知體驗達到一致，並做出相同的反饋，就產生了共鳴效果。由此可見，我們在溝通中不能只是泛聽對方闡述的言語內容，還要用心感受對方的情感，在準確理解以後及時地附和，複製對方的情感，滿足其內在對認同的需求。人們都喜歡能與自己產生共鳴的人，因為共鳴代表着一種高度的認同與默契的達成，在此過程中，良好的印象也就自然而然地形成了。

∷情感共鳴需要一些技巧∷

　　溝通是由訴說與傾聽兩方面構成的，且在溝通過程中兩個角色隨時在轉換。我們已經知道，只有用心地去感受才能與對方達到情感共鳴。那麼我們在溝通的過程中就要注意觀察對方的語氣、神態以及一些肢體語言的變化，並及時地做出回應。每個人都渴望被他人關注與接納，當我們認同他人的情感時，就是給予關注與接納的一種表現。比如 Oliver 在工作中偶爾會遇到客戶生氣的情況，如果一味地辯解或者不停地勸說對方「不要生氣了」，不僅收效甚微，有時還會起到反作用。

換位思考，情感接納，加深印象

好印象↑

共鳴

心情不錯

觀察

尋找
共同點 !

適宜的環境與氛圍

複製情感

換位思考

Oliver 首先應當對客戶表達出的情感給予認同：「這的確令人生氣！」如此就會讓對方感受到兩人是在同一條戰線上，而不是敵對狀態。總結起來，有助於達成情感共鳴的技巧有以下幾個。

●創建有利於產生情感共鳴的環境

一個糟糕的環境很難讓人有更多的溝通欲望，這種情況下盡量長話短說，不談重要的、嚴肅的內容。與客戶約見，要安排適宜的環境，佈置良好的氛圍。好的環境能夠給人帶來好的心情，而好的心情能讓溝通更容易達成共識。

●先入為主爭取共鳴的機會

工作中的內容交談難免會枯燥乏味，在正式開始溝通之前，不妨先找一些雙方的共同點來交流，以產生共鳴感。當 Oliver 聽到對方的口音來自自己的故鄉時，也可以用家鄉話回應；當看到對方的書架上有某位名人的着作時，可以表達對這位名人的喜愛與認同；當發現對方有寫書法的愛好時，可以説説自己曾經練習書法的經歷等。總之，只要用心觀察，就可以找到許多共鳴點。

●準確複製對方的情感

人們在交流的過程中都會有一些情感的表達，對一個人一件事的讚揚或者批評、欽佩或者失望、激動或者感傷等。認同對方的情感並準確複製，可以讓雙方快速地建立起共鳴感。倘

若一位同事與 Oliver 分享工作上的成績，而 Oliver 自始至終用毫無變化的平淡語氣與其交流，這勢必會讓對方感覺自己的情感沒有被接納，在與 Oliver 的交流中沒有獲取認同感，無法暢談下去；相反，如果 Oliver 帶着愉悅的情緒向對方表示肯定與祝賀，那麼對方也會更願意繼續分享自己的情感。

準確複製對方的情感，並不是豎起耳朵做出聽的樣子就可以了，而是要讓對方感受到你真的在用心聆聽他講話，由此而生的共鳴感會讓對方對你立刻產生良好的印象。

靈活地應用「情感共鳴」，不僅能夠幫助我們有效溝通，還能增加溝通中的趣味性，給對方留下高情商的印象。

一張名片能延伸 的十分鐘

初次見面也能給別人留下深刻印象！

在商務場合，初次見面的人通常會交換名片。一張名片雖小，卻涵蓋了非常豐富的資訊。它不僅僅是職場人士的「自我介紹信」，更是職場社交的「聯誼卡」。對於剛剛參加工作的人而言，無論是拓展職場人際關係還是規劃未來職業發展方向，利用好名片都能夠起到事半功倍的效果。

「交換名片」並不真的止於交換

如今，職場新人都能意識到名片的重要性，在參與職場社交之前會為自己設計精美的名片，但是其中的大多數人在運用名片時只是隨意交換，接過他人的名片之後隨手放入口袋，並未意識到名片本身也具有話題性。

因而，我們常常看到新人在與他人交換名片時，只有「交換」這一瞬間的動作，沒有更多的內容。作為職場社交的重要工具，這種交換名片的方式便失去了其實質性的意義，將名片的實際作用大打折扣。要知道，**交換名片的目的其實並不在於交換，而是通過「交換」這一個動作，與對方開始產生聯繫。**如果我們在交換名片的時候能夠注重禮儀，並且有意識地延伸十分鐘，那麼對於人際關係而言，將是更上一層樓。

一張名片延伸的十分鐘

眾所周知，名片上包含了一個人最基本的職業資訊。因而在商務場合，它可以被看作一個人的符號化身。我們在交換名片的過程中，對名片的態度就等同於對對方的態度。因此，交換名片是體現一個人的修為與涵養的重要時刻。

作為職場新人，我們應當事先準備好自己的名片，主動將其遞送給對方，並誠懇地說一句「請您多多指教」。**在遞送的時候，文字的朝向需要面向對方，以方便他人瀏覽查看。在接收對方遞過來的名片時，一定要雙手捧接，以示禮貌和尊重。**另外，眼睛要看着對方，不能將目光一直停留在名片上，因為人比名片更重要。

在交換過名片以後，我們就可以展開話題進行交談了。即

使是不善社交的人，只要掌握了延伸話題的技巧，也能輕鬆破冰，給對方留下好印象。

●對方的名字

在接過名片以後，將其正面與反面的信息仔細看一遍，切不可單手拿着隨意翻看。在看到對方名字的時候，鄭重地念出。對於沒有把握的字，可以及時向對方請教，以示重視。同時，還可以借此展開話題，可以是讚賞對方名字的好寓意，也可以是請教對方名字的由來。同樣地，禮尚往來，對方也會關注我們的名字，詢問其深意。這樣做不僅可以避免雙方無話可說的尷尬，還能夠促使對方記住我們的名字，加深對我們的印象。

●對方的身份

出於對對方的尊重，我們在接過名片後可以將上面的重要內容讀出來，職場新人更可如此。在讀的時候我們需要稍微注意語音的輕重，讀得太輕恐顯得重視程度不夠，讀得過重或又有誇張的嫌疑。因此我們可在對方的單位、職務、職稱等信息上，挑選有分量的內容重讀。例如，「××公司副總經理」，我們可以將「總」字重讀；「香港區總經理助理」，我們可以將「香港區」重讀等。我們還可以就此展開交談，比如具體負責哪些方面的業務等。

●對方的郵箱地址

一般名片上都會留有郵箱地址。有的位址是字母與數字混合的，使得小寫字母 l 與數字 1，大寫字母 O 與數字 0 不容易區分。另外，位址中還常常出現字母縮寫、拼音與英文單詞混用的情況，我們可以及時向對方請教該郵箱地址中不明確的地方，以免用到時輸入錯誤影響工作。總之，在看的時候我們只要稍加留意，向對方確認郵箱地址的正確寫法，就能夠給對方留下認真細心的好印象。

●對方的公司標誌

一般名片上都會印有公司或者品牌的圖案標誌（logo）。它往往表示公司的主營業務，並蘊含了公司的願望期許。每位職場人士都希望自己的公司能夠得到他人的重視，因而從對方的公司標誌談起，表現出你的興趣，對方往往會很樂意與你交談。

●對方的公司業務

對方可能與你是同行或有些交叉的業務領域，也可能屬於完全不同的研究方向。對於相同的領域，可以就此討論一些關於行業、技術或者管理上的觀點與看法，交流一些各自的經驗與心得；對於不同的領域，可以拿出學習的姿態，虛心向對方請教，此時如果能夠時不時地有針對性地向對方提問一二，效果則會更好，對方會認為你一直在認真傾聽他的講話，從而對你印象深刻。

●對方的公司地址

這個位址可能是你熟悉的，也可能是你不熟悉的。如果熟悉，可以聊聊你與這個地方的聯繫。曾經因為甚麼原因去過那裏，在那裏的感受如何等。如果不熟悉，可以讓對方為你介紹此地的文化，比如地名的由來，經濟發展狀況如何，主要發展哪些產業，有哪些有特色的美食等。

●對方的名片設計

現在的名片早已脫離了千篇一律的設計感，而是通過個性化來彰顯自己的身份與品位。我們可以借由名片的材質、顏色、字體、設計、排版等來展開話題，讓對方感受到我們的興趣，受到重視的對方也會對我們的這種欣賞留下良好的印象。

課 後 作 業

基本

交換名片不是社交的結
束,而是維護關係的開
始。交換時延伸十分鐘,
可以起到事半功倍的效
果。

活用

找到一張名片,從上面的
資訊練習延伸話題,模擬
一下對話的場景吧!

第 **5** 章

擊倒印象力的
二三事

千里之堤，潰於蟻穴，如何預防印象之堤崩塌？

在與人交往之中，明明十分注意自己的形象與待人的禮儀，但為甚麼還是被漸漸地疏遠了？到底哪裏出現了漏洞？！不知不覺中擊倒印象力的幾件事，快來自檢與補漏！

切勿一言否定

> 心直口快地否定他人只會形成負面的深刻印象。

最近有一個小煩惱。我和一位同事比較熟絡，平時我們交流得比較多，但是，十次有八九次對方都是在否定我的觀點或者喜好。這很打擊我呢，是我做得不夠好，或是她心直口快地說出了事實，目的是想讓我增強對她的印象呢？

這種凡事都喜歡先否定別人的做法，的確能夠引起他人的注意，但是帶來的往往是負面的印象。構築好的形象需要日積月累，而一種破壞印象力的溝通方式可以將之前所有的努力一並擊潰。

不以個人好惡輕易否定他人

蔬菜批發公司附近新開了一家麵包店，Lara 去買了一些麵包帶給同事們嚐嚐。與 Lara 熟悉的那位同事邊吃邊評論：「這種麵包不及全麥的有營養」「我覺得味道並不怎麼樣」「價格太高了，沒有之前的那家店實惠」「包裝也不夠環保」……聽到這些否定的觀點，Lara 心裏很難過。她不明白事實是否如同事所説的那樣，或者即使是事實，這樣的話她聽了也難以接受。隨着相處時間的增長，Lara 發現，原來這位同事只是喜歡習慣性地去否定別人。即使不是 Lara，換作 Oliver 或者是其他的同事，她也是同樣的態度。

在職場中，有不少這種喜歡一言否定他人的人。無論是對方的喜好還是觀點，都習慣性地一言否定。有的職場新人為了標新立異，顯示自己的與眾不同，也會刻意去否定他人，表達一些看起來另類或者很有想法的觀點，以吸引他人的注意。然而，這種表達方式對於印象管理來説非常不利。

人們在分享自己的喜好或者觀點的時候，內心都是渴望得到他人的認同與接納的。如果我們在第一時間就站出來直接給予否定，那麼對方往往會認為我們是在否定他這個人。因為當對方做出分享的行為時，其實他內心已經接納了所分享的客體。而我們否定他的喜好或觀點則意味着否定了他的審美與判

斷，進而會被理解為是對他這個人的否定。這種否定會讓對方感覺自己不被周圍的人認可與接納，與自己分享的預期相悖，從而會心生不滿。

有的人會將這種不悅隱藏在內心，但是從此與你有意疏遠保持距離；而有的人可能會轉為憤怒，當場與你爭辯。無論是哪種情況，在對方心裏不好的印象都已經形成，而且難以改變。

一言否定他人之前先省思自己

個人喜惡

No no no……

我又被他武斷地否定了！

印象
↓
DOWN

省思自己

♡ 說話三思

♡ 友善待人

♡ 尊重他人

♡ 克服自卑

被接納了，可以交換意見！

印象
↑
UP

在否定他人之前先省思自己

世界上沒有兩片完全相同的葉子。同樣，即使是性格相同、興趣相投的兩個人，也很難保證對所有的事物都擁有完全相同的看法或者喜好。更何況，人與人之間是如此的不同。我們可以與對方擁有不同的觀點和喜好，但是並不需要以否定對方的方式來突出自己。很多問題並不是只有非黑即白的答案，如果大家的喜好、想法總是保持一致，那麼工作上也會少了許多的樂趣。對於一些不需要爭論對錯的問題，我們應當尊重他人的想法。

另外，**喜歡習慣性否定他人的人，可能存在着自卑的心理，潛意識裏希望通過否定的行為來引起他人的注意**。想要克服這種心理，首先需要我們在內心接納自己，肯定自己。**我們雖然不完美，但是也一定沒有我們想像中的那麼糟糕**，很多時候不過是庸人自擾式地自我否定，並不是真實情況的反映。所以，我們不需要通過否定他人來肯定自己，努力做好自己就可以。自帶光環的人總會得到人們的注目。

除去尊重他人的想法、克服自卑的心理這兩點以外，我們還需要培養愛的能力。愛是接納，愛是寬容，接納他人的不同，寬容他人的錯誤，對每個人都以誠相待。人與人之間的情感是相互的。**如果我們友善待人，得到的往往也是他人友善待**

己。如果我們總是一味地否定對方，表現出攻擊性，對方也會最終站在我們的對立面，最終會形成惡性循環。對於一直強調團隊精神的職場而言，這顯然是不利於工作開展的。

不輕易地否定別人，並不是指毫無原則地認可對方甚至拍馬屁，而是要注意說話的方式，在否定他人之前先三思自己即將要講出的話。在工作上大家經常會有不同的見解，我們在討論的過程中毋須立即反駁對方。我們可以先肯定對方的部分觀點，即使完全不能認同對方，也可以認可其認真對待工作、深入思考的態度。對於工作上的一些觀點衝突，我們應當具體問題具體分析。以「公司利益最大化」為原則進行討論，或者強調責任制，由負責人來做出最後的決策。我們必須謹記，工作方案永遠是討論出來的，即交換意見而來，而不是通過否定他人得來的。

職場筆記

與人交談總是先否定對方，是非常破壞印象力的一種行為。學會接納自己，開口之前先想三秒，提醒自己否定他人的話不急於說，如此可以幫助我們逐步改變喜歡否定他人的習慣。

請勿過度謹慎，成為邊緣人

> 過於謹慎地維護形象，
> 反而會對印象管理產生負面影響。

每次與同事們閒聊，我其實都感覺有點難以應對，不能很好地把話題接下去。我不太願意說出自己的想法，擔心同事們對我了解得愈多，我的缺點暴露的概率就愈大，會給大家留下不好的印象。因此，我也很少參加集體活動。

影響一個人印象好壞的因素並非只有他的優缺點，還有他待人接物的處事方式。在職場中過於謹慎地維護自己的形象，將自己完全封閉起來，會給他人拒人千里之外的感覺，讓人們從此不願意再接近你。這其實是對職場印象管理的一種副作用。

∷謹慎過度是職場人際的一道屏障∷

幾乎每一位職場新人在入職之前，都從不同的管道接受過這樣的「教育」：**謹言慎行是職場的生存法則之一**。為此，不少新人將其牢記於心，從入職的第一天起就時刻注意自己的言行舉止，力求給他人留下好的印象。這本是一件好事。然而，有的新人卻在職場中表現得謹慎過度，生怕説錯話做錯事，總是處於警惕和防禦的狀態，把自己完全封閉起來。就如同 Lara 一樣，喜歡獨來獨往，幾乎不參與同事間除工作以外的話題討論。在工作氛圍比較輕鬆的時刻，也保持沉默，埋頭做自己的事情，不願意與身邊的同事有更多的交流。

對於初涉職場的新人，面對全新的辦公環境和工作帶來的種種壓力，如果不能很好地調整自己的心理狀態，很容易陷入職場自閉。職場自閉三個最典型的特徵是：**在工作中不願意與人交流，不會表達自己的需求，固執地做事**。一般來説，在心理狀態不佳時，每位職場人士都可能會產生自閉行為，但它只發生在某一特定的階段。一旦心理上的壓力得到舒緩釋放，自閉行為就會消失，恢復到正常的狀態。但如果長期處於自閉狀態，並且最終影響到了工作的正常進行，那麼就很可能會發展為職場自閉症。

像 Lara 這種情況，隨着同事們邀約 Lara 而被拒絕的次數

增多，大家會把這當成她的一種習慣。無論再遇到甚麼樣的大小事情，理所當然地會想到一定會被 Lara 拒絕，因此也就不再考慮邀請她加入了。

不少新人入職以後感覺自己被邊緣化，很難融入集體當中。雖然內心非常渴望加入暢談或者聚會的小團體，卻總是得不到大家的邀請，就好像自己是個透明人一樣。殊不知，恰恰是自己在日常工作中表現出來的過於小心謹慎的言行，給自

打破職場自閉的屏障，勇敢留下正面印象

己帶來了負面的影響，在自己與同事之間豎起了一道交往的屏障，嚴重的還會影響到工作的進展、職業的發展。

如何打破屏障走出自閉困境

當意識到自己有職場自閉行為並且已經受到它的困擾時，我們需要採取一定的措施來幫助自己走出這種困境。

首先我們要明白，**職場中出現的各種問題都是正常的，這就是殘酷的職場環境，我們需要去適應它，而不是讓它來順從於我們的個性。**只有正面問題才能解決問題，逃避問題只會讓問題愈積愈多，最終使我們不堪重負。因而，在無法改變工作環境的情況下，嘗試着去改變自己。

我們可以先從微笑待人做起。對於不善交際的人來說，更應如此。因為真誠的微笑會給人們帶來親近感，它能夠打破僵局讓人們卸下防禦，從而讓他人願意與自己接近。比起言行，微笑更加簡單易為，可以作為克服過度謹慎、打破職場自閉的第一步。

如果渴望在職場上與同事們深入交往打成一片，就要在言行上表現主動。既然是想與他人融洽相處，我們就要做出願意與他們相處的姿態，而不是將自己封閉起來。對於公司裏各式各樣的活動或者是同事發起的邀請，都可以積極地參與。比如

坐在一起共進午餐，加班時一起叫杯外賣飲品，下班時一路同行等。隨着參與次數的增多，大家一定能感受並習慣我們融入的狀態，此後每當有活動時也就會積極地向我們發出邀請。

與此同時，不要太過在意別人對自己的看法，我們完全可以通過印象管理來不斷地提升自己的魅力。另外，我們還可以要求自己每天做一件與大家共處的小事，並把它記錄下來。不要害怕人際交往的挫折，放寬心態、大方不扭捏。日積月累，你會感受到與大家共處的快樂，並且走出邊緣人的困境，給同事們留下美好的印象。

職場
筆記

凡事過猶而不及。職場上謹言慎行是有必要的，但是過度謹慎會給他人帶來距離感，成為我們人際交往的障礙。若出現職場自閉行為，先從微笑待人開始練習，對他人的邀約也積極參與，很快就能走出困境，為自己贏得真正的好印象！

求建議後缺乏反饋

> 求建議無反饋，
> 印象也會石沉大海。

在工作中總是會遇到一些自己不懂如何處理的問題，為了給上司及同事們留下「勤學好問」的印象，我會積極主動地向前輩們請教。不知道是我的問題太多還是問得太笨，請教過幾次以後他們就不願再回答我了。

人們都喜歡被他人請教，因為這代表着他們的能力得到認可。但是一味地請教他人，不懂得及時反饋，會讓人覺得你視「索取」為習慣，甚至會懷疑你過河拆橋。有了這樣的不良印象後，對方自然也就不願意再繼續為你提供幫助了。

不受歡迎的「勤學好問者」

作為職場新人，由於工作經驗以及閱歷的不足，在工作中難免會遇到各種各樣的問題。向有經驗的前輩請教，是快速且有效解決這些問題的捷徑。然而，就如同 Oliver 的遭遇一樣，起初大多數人都十分樂意為新人提供幫助。慢慢地，這些建議者沒有了往日的熱情，開始找各種各樣的理由推脫。**表面上看起來，積極的我們是職場上的「勤學好問者」，但實際上，我們成了對方眼中不受歡迎的人。**這令許多新人都感到十分困惑，不知道問題出在哪裏。

一般來說，出現這種情況的原因主要來自三個方面。

一是「只知提問不知思考」。有些工作上的基礎問題完全可以通過自己的努力去解決，比如翻閱檔案或者檢索資料就能找到答案，但有的新人沒有做過任何功課就直接發問。

二是「只知提問不分對象」。為了給大家留下勤奮好學的好印象，一些職場新人會抓住機會通過積極主動地提問來表現自己，然而在提問的時候完全不考慮對方的崗位或者專業背景，比如向人力資源的同事諮詢專業技術方向的問題，就會令對方十分尷尬。

三是「只知提問不知反饋」。誠懇地向對方請教、對方也提供了很有誠意的建議之後，無論執行與否，無論效果如何，

最終卻都沒有給予建議者反饋，而是不了了之，這就很容易給對方留下過河拆橋的印象，令人生厭。對於前面兩種情況，新人在提問過程中受挫後很容易發現問題所在，也容易及時更正。而第三種情況則是最容易被忽視且不易察覺原因的，需要我們加倍重視。

及時感謝並積極反饋，成為受歡迎的善問者

善問者當有始有終

　　憑着一腔熱忱向經驗豐富的前輩請教，請教過後卻沒有按建議執行的情況時有發生。沒有執行的原因無外乎兩種，一種是客觀的，一種是主觀的。客觀原因是外在的環境發生變化，自己無法控制，比如說市場變化、崗位調整等，這些變化導致原有的建議在新的環境下已不再適用。但多數情況下，他人的建議沒有被執行其實是來自請教者主觀方面的原因。一些新人為了請教而請教，功夫用在表面，只為與對方建立人際關係，拉近距離，留下好印象；還有一些新人有做事拖延的壞習慣，無論得到甚麼樣的建議都不能立即投入展開實施，而且愈拖愈久，最終三分鐘熱度，只做了個開頭沒有結尾，或者從來沒有執行過。

　　對於競爭激烈的職場環境而言，不正確的請教方式和薄弱的執行力無疑是工作中的大忌，對印象破壞力十足。

　　無論何種原因，**建議是否被執行，如果沒有及時地給予對方反饋，都會給人留下做事不能善始善終的印象。**當然，能力再強的人也無法保證他所提出的建議是完全有效的。因而，對方在提出建議後其實也很期待我們的資訊反饋，想要了解他的建議是否真的幫助了我們。如果有幫助，這自然會給對方帶來成就感；如果幫助不如理想中的效果那麼好，對方往往還會和

我們一起繼續討論，研究問題究竟出現在哪裏。

人們在給出建議時都需要花費心力去思考，因此無論對方給出的建議如何，是否對我們有實質性的幫助，我們都應該在事後及時地向建議者表示感謝，並給出執行情況的反饋。這樣才能給對方留下誠實可靠的印象，而不會讓他人感到我們是過河拆橋。長此以往，在今後的工作中遇到問題，對方才會積極地給予幫助，而不再是遇到我們請教時找各種理由推脫、躲避。

對於建議者，我們的資訊反饋一定要及時。因為拖延得愈久，給對方留下的印象就愈模糊。 及時地反饋能夠最大程度保證對方對當時討論的問題都還留有印象，這樣能夠促進雙方更好地討論；如果時間拖延得太長，很多討論的細節以及當時的情境都已經模糊不清，對方自然也就沒有辦法再給出很好的建議了。因而，在得到他人的建議之後，反饋得愈及時、愈積極，給對方留下的印象也就能愈新、愈深刻。

職場筆記

積極地向職場前輩請教，可以給他人留下勤學好問的好印象。但是缺乏反饋的請教，反而會讓人們收回援助之手。及時地反饋資訊並表示感謝，也是及時更新自己的形象的好方法。

20

喜歡往事重提

> 炫耀過去並不一定能令
> 現在的你「更有面子」。

工作了一段時間，發現職場競爭比想像中要激烈，但我仍渴望在這場競爭中脫穎而出，獲得更多的關注與支持。如果我不斷地顯露自己過去的成績，是不是可以強化人們對我的印象，認為我是有潛力的新人呢？

在與人相處時總是提及過去的成績，或者曾經享受過的優越生活，雖然能夠讓人們更加了解你的實力，但是如果提得不恰當，就會讓大家覺得你是在炫耀。想要在職場中獲得更多人的關注與支持，應當學會高調做事，低調做人。

好漢要不要提當年勇

去嚮往已久的公司面試，每一位職場新人都希望能夠給面試官留下好的印象。為了展現自己的能力，證實自己能夠勝任這份工作，或多或少地，我們都會提起自己過去的成績。然而，在提起時如果不能把握尺度，一味地宣講，甚至是誇大成績，就會給人留下不夠踏實、不夠可靠，甚至驕傲自滿的印象，會令閱人無數的面試官非常反感。對於面試官來說，面試時除了要考察應聘者的工作技能是否符合要求以外，還會重點關注他的品行，而且是品行在先，技能在後。

誠然，過去的輝煌成績可以為我們的技能加分，但是**過多地提及勢必會在品行上減分**。雖然每個公司都喜歡有能力的員工，但是這個能力是針對當下而言的。過去的成績並不一定代表你可以為現在的公司繼續創造財富。**對於公司來說，能夠為當下以及未來創造價值的員工才是真正的強者。**

當然，不僅僅是在面試階段，入職以後也不應當在職場上過多地提及自己過去的成績。這樣的交流方式並不能給上司以及身邊的同事增加好感，反而會讓他人覺得我們喜歡炫耀自己。一個人在工作上的成績，往往離不開公司的資源支持以及同事間的協作。如果過度地炫耀自己過去的成績，視他人的意見或建議而不見，必然會引起他人的不滿。這種行為甚至有可

能讓大家產生誤會，認為我們對現在的公司持否定的態度、不看好公司的現狀以及未來。

另外，我們一味地提及過去的成績，亦會讓他人覺得，正是因為我們當下並無成績可談，才會總是提及過去。如果給對方帶來這樣的印象，就有點得不償失了。之前的成績已經成為過去，它是我們人生經歷中的寶貴財富，我們應當珍惜並將過去積累下來的成功經驗發揮到現在的工作當中去，為當下的工作創造更大的價值。

往事重提避免高調炫耀，低調謙虛留下可靠印象

面對過去的成績，我們也並非完全不提。在激烈的職場競爭中，適當地展現自己的實力是有必要的，畢竟酒香也怕巷子深。但是，我們要提及得恰到好處，點到為止，而不是反覆強調。在提及時，重點應該放在收穫上。如果能夠以分享的姿態來講，這些收穫將為我們的工作提供哪些幫助，大家會更容易接受，認為我們的成績是用心付出的結果。而對於最終的個人成績，最好是以謙遜的態度一帶而過，這會給大家留下為人低調的正面印象。

與同事會餐小心主角變醜角

身處職場，工作之餘總會有一些大大小小的會餐。除去正式的宴會，大多數時候的會餐都比較隨意，是大家放鬆身心、增進感情、加深了解的一種方式。面對融洽寬鬆的氛圍，有強烈表現欲的新人一般會成為會餐中的主角。然而，如果拿捏不好尺度，夢想中的主角會淪為大家眼中的醜角。最常見的情形，是與大家分享自己的所見所聞，希望通過一些話題來吸引大家的注意力。比如大談特談自己曾經去過的高級餐廳，分享自己吃過的各種美食，甚至對餐桌上的菜肴逐一點評。

這些內容在最初可能會給大家帶來新鮮感，認為你見多識廣，擁有豐富的閱歷。然而，一旦說的次數太多，大家會認為

你的分享是一種炫耀。這種炫耀帶有誇大自己，看輕他人的意味。這會讓他人覺得反感。同時，這種行為對於花費了心力組織會餐活動的人，以及製作餐點的人來說都是一種不尊重。

低調謙遜是一種智慧

喜歡炫耀自己的成績或者見識，可以說是一種膚淺的行為。如果一個人總是過於高調，不可避免地會助長驕狂的心態，難以得到他人的喜愛與尊重，甚至有可能與周圍的人樹敵，陷入四面楚歌的困境。無論是職場內還是職場外，做人都應當低調一些。低調是謙虛、謹慎、不張揚，是以智慧的方式為人處事。以平和的心態看待過去的成績以及豐富的經歷。保持謙遜的品格，榮辱不驚，才能使得他人在你的成績面前給予肯定和認可，在失敗面前給予理解與寬容。

初入職場的新人急於表現自己的心情可以理解，但是一定要把握程度。適當地展現自己的實力，點到為止即可，過度的宣揚會起到反作用。

21

沒有人喜歡
亂發脾氣的人

> 控制情緒、友善對待他人才能
> 鞏固職場好印象。

上週五,清潔阿姨弄濕了我的一份重要文件,為此我忍不住對她大發脾氣。因為這件事,本月的優秀員工我沒有被選上。這位阿姨來自物業公司,並不是我們的同事啊,我不明白為甚麼這件事會影響到大家對我工作上的評定?

我們在職場上留給他人的印象,並不一定是在與職場人士的直接接觸中留下的。愈是非正式場合下表現出來的待人接物的態度,愈能夠反映出我們的素養。對那些服務人員、後勤人員或職位上低於自己的人擺臉色,可能會使我們的印象管理工作功敗垂成。

亂發脾氣是職場印象的「隱形炸彈」

不少新人從入職的第一天起，就對上級與同事保持彬彬有禮的態度，以期許留下好的印象，構建良好的人際關係。然而，只重視在有利益關係的人們面前樹立形象，而忽略工作中接觸到的沒有利害關係的人，很有可能使印象管理工作前後表現不一，陷入被眾人質疑的尷尬境地。

即使是每天坐在寫字樓裏辦公，我們也會接觸到不同的人群，並非只有工作上的同事、同行以及客戶等。在工作以外，我們還會接觸到一些服務行業的工作人員，例如保安、清潔工、快遞員、外賣員等。他們與我們的工作沒有直接的聯繫，但是他們所做的工作卻與我們息息相關，是保障我們的工作順利進行的基礎。

無論對方是甚麼樣的身份，我們都應該與其友善相處，尊敬對待。這是一個人應該具有的基本素養。對那些與工作無直接利益關係的人表現出不耐煩的情緒，甚至擺出難看的臉色對待，是缺乏教養的表現。這會給身邊的上司、同事及來訪的客人留下負面的印象，認為我們在待人接物方面不能做到真誠謙虛，甚至很有可能會猜測我們平日裏友善的表現其實是虛情假意。

因此，哪怕是因為很小的一件事，對服務人員、後勤人員或職位低於自己的人員發火，也會導致我們之前精心塑造的良

好形象被輕易摧毀，不復存在。

⁛ 對待服務行業工作者的態度顯露品行 ⁛

　　尊重他人，是新人踏入職場的必修課。尊重是指對所有人平等相待的心態和言行，它與對方的身份、職位、權力以及財富無關。每個人都渴望能夠得到他人的尊重，但是尊重是相互的，只有我們尊重他人，他人才會以同樣的方式對待我們。相互尊重是處理好任何一種人際關係的基礎。正如孟子所説：「愛人者，人恆愛之；敬人者，人恆敬之。」

　　另外，每一位員工都代表着公司的形象，對非公司的人員亂發脾氣、隨意指責，會讓其他人對公司的信譽產生懷疑。而在上司的眼裏，不能尊敬他人的員工，自然也無法友善地對待公司的客戶，因此會視其為不能委以重任的人。**判斷一個人的修養品行如何，往往不是看他怎樣對待有權勢的人，而是看他與服務行業的工作者共處時是甚麼樣的態度。**通過貶低服務人員，隨意發脾氣的行為來抬高自己，彰顯自己優越感的行為，都是令人感到十分厭惡的。

情緒也需要被管理

在職場中，除了要學會尊敬他人並且對所有人一視同仁以外，我們還要學會**情緒管理**。身處職場難免會遇到各種各樣的問題，不注重情緒管理的人，稍有心理波動就會不分場合，不分對象地亂發脾氣。一些新人還會出現「欺軟怕硬」的現象，不去尋找解決問題的辦法，而是對那些性格溫和、沒有直接利益衝突的人發脾氣、使臉色，從而給身邊的人們留下了「不夠理性」「情緒化」的負面印象。

我們需要明白，職場工作本身就是一個由發現問題到解決問題的過程，發生或大或小的摩擦是在所難免的。對那些工作中接觸到的服務人員、後勤人員或職位低於自己的人員亂發脾氣、隨意對待，往往是一種情緒轉移，是將工作中由壓力產生的負面情緒宣洩到了他人的身上，這種處理方式必然會引起周圍人的反感。

在工作中出現矛盾時，我們應該做到對事不對人。**無論出現甚麼樣的矛盾，先反思自己，倘若錯誤在於自己，就應及時道歉，勇敢承認自己的不足之處。**不分青紅皂白對他人發脾氣必然會導致矛盾升級，不僅會影響工作效率，還會影響我們的口碑。職場匯聚着來自五湖四海、能力各異的社會人士，從來不是以自我為中心者的舞台。真正的交際高手，一定是具備

同理心，懂得換位思考而不隨便擺臉色、發脾氣的人。既然工作中的情緒多半是由壓力帶來的，那麼我們就要自己學着去減壓，而不是將負面情緒轉移到他人的身上，拿他人當出氣筒。要知道，亂發脾氣其實是無能的表現。

懂得控制情緒，才能堅定好印象

當覺察到自己已經產生負面情緒的時候，千萬不要沉浸在這種情緒當中，而是要不斷地暗示自己走出來。為了避免因情緒波動而對他人發脾氣，我們可以採用「禁言四十八小時」的方法。與他人發生激烈的衝突時，強制自己沉默不再說話。等到四十八小時以後再來重新思考這件事，我們就會感覺事情並沒有像當初想像得那麼糟糕。

　　當然，最好的情緒管理，不是在壞情緒已經產生之時，而是防患於未然。無論甚麼時候都微笑待人，用友好的方式來表達自己，同時增強抗壓能力，讓自己變得寬宏大量，做職場上正面情緒的傳播者，就會愈來愈受到人們的關注與喜愛。

　　想要獲得他人的尊重，我們首先要尊重他人。尊重意味着平等相待，意味着一視同仁。對非工作夥伴發脾氣，會摧毀我們努力塑造的良好的職場形象。工作中的摩擦在所難免，我們需要管理好自己的情緒。

辦公室裏的不經意

{ 毫無惡意的小舉動也可能成為
你塑造好印象的絆腳石。 }

職場印象管理是一個長期的過程,不是一蹴而就的。因此,在塑造良好職場形象的過程中,我們必須重視細節。如果我們將言談舉止中的每一個細節都處理得周到得體,那麼就會讓對方感到十分舒適,自然會留下好的印象。

在辦公室裏,一些看似不經意的小動作,很有可能成為對方厭惡我們的理由。如果此時我們還全然不知,不加以改正,那麼負面的印象就很容易在他人心中形成。關於印象管理,正所謂成也細節,敗也細節。

：工作時不經意地自言自語：

　　面對全新的工作環境，競爭的壓力在無形中告誡着職場新人們必須全神貫注地應對一切。在不知不覺中，一些人養成了一邊工作一邊自言自語的習慣。儘管這種行為有助於緩解壓力，但是在旁人看來卻是十分奇怪。工作時不經意地自言自語並非個例，Lara 就有這樣的習慣。有時候她是小聲地自言自語，常常令不明就裏的同事以為是討論工作上的事，不得不追問上一句「你剛才說甚麼」，得到的答案自然是甚麼也沒有，讓對方感覺是在自作多情；而有的時候是在十分安靜的工作環境中，字字清晰地說出來，無論看到甚麼，想到甚麼，寫出甚麼，都是逐字逐句地道出。這不僅令周圍的人覺得摸不着頭腦，時間長了還會感到是一種噪音，對他人的工作造成干擾。

　　當我們意識到或者經他人提醒自己有經常性自言自語的行為時，我們就需要注意避免這不經意間的小動作了。首先要用坦然的心態面對工作，愈是高強度的工作愈是要以從容的態度去面對，否則很可能出現愈緊張愈容易出錯的現象。其次，當我們暫時無法克服自言自語的習慣時，我們可以通過提醒自己公共場合需要保持安靜，盡量選擇在內心與自己對話，不發出聲音，這樣就不會影響別人。

說話時不經意地指來指去

　　人們在交談時，總是會或多或少地加入一些手勢。手勢是

肢體語言的一種，它包含着非常豐富的內容，常常充當着輔助

我們表達意願的角色。比如招手是致意，揮手是告別，拍手是稱讚，拱手是致謝，擺手是拒絕等。恰當地運用手勢來表達自己，可以讓雙方的交談與溝通更加順暢。然而，不恰當的動作會讓對方誤讀，令人避之不及。比如，說話時手指不經意地指來指去就是一種非常不得體的表達方式。即使是沒有絲毫的惡意，用手指着他人說話也是令人反感的。因為在手勢語言裏，用手指着他人通常是一種表達憤怒的方式。這會給對方盛氣凌人的感覺，甚至是感到不被尊重、受到侮辱。

如果我們還不能很好地掌握手勢語言，那麼在人際交往中，則不宜過多使用。太多的手勢會讓對方感到眼花撩亂，而且一旦出錯令對方解讀出負面的「言外之意」就得不償失了。當我們需要具體指出某個人時，可將右手伸出，五指並攏，手心傾斜向上，向對方的方位指出。這個動作有「請」的含義，是尊重他人的一種表達方式。切記不要用單隻手指指來指去。

開會時不經意地轉筆按筆

職場上少不了各種大小會議。無論是哪種類型的會議，只要是在工作場合，都需要我們認真對待。開會時，一邊傾聽他人的發言，一邊將手中的筆轉來轉去，或者把筆端的彈簧按來按去的現象時有發生。儘管這很可能只是一個習慣性的動作，

在毫無意識的情況下發生，但是它卻可以給其他人留下我們是「心不在焉地參加會議」的印象。不能認真對待工作的員工，必定不是上司眼中的潛力股。在會議中不停地轉筆按筆，不僅會製造出各種噪音，還會打斷發言者的思路，影響參會者的注意力，可以説是一個向眾人發起挑戰的非常不討好的動作。

有轉筆或按筆習慣的新人，一方面需要在會議時提高注意力，積極思考會議的議題以及發言者闡述的論點，另一方面可以在本子上及時地記錄要點或者自己的想法。這樣既可以避免在不經意間做出不好的小動作，又可以更好地理清自己的思路，為下一步的發言或者工作做好準備；同時，還能夠給在場的人留下積極思考、認真工作的好印象。

辦公室裏惱人的「小動作」

除去前文所敘，辦公室裏還有很多令他人煩惱的其他「不經意間的小動作」。儘管這些小動作對我們的工作沒有直接的影響，卻會給他人的工作帶來干擾。久而久之，這些小動作令他人不滿，自然也就無法讓我們給別人留下好印象了。

職場中應當避免一些的小動作如下。

- 不停地抖腿，帶動辦公桌不停地晃動。

- 放置物品不能做到輕拿輕放，在安靜的場合裏突然製造

出較大的聲音。

- 走路時不注意腳下的輕重，女士的高跟鞋不斷地發出「噠噠噠」的聲音。
- 工作時間嚼口香糖吹泡泡，發出很大的聲音。
- 戴上耳機卻依然傳出很大的聲音。
- 在公司的午休時間將鍵盤敲得劈哩啪啦地響。
- 將文件、畫冊、書刊翻得嘩啦嘩啦響。
- 在辦公室的公共空間裏，使用手提電話時選用開啟聲音模式。

課 後 作 業

基本

好的印象需要靠日常行為的點滴積累，因而需要我們重視細節。在職場中我們應時刻謹記不要做出干擾他人工作的小動作。

活用

列出辦公室裏有哪些小動作不宜做，依次對照檢視，不足之處及時更正。

Chapter 6
印象管理小測試
Ready? Go!

現在來測試一下自己的印象管理技能吧！

跟着職場新人 Oliver 和 Lara，從塑造職場形象的不同情境中，找出更好的印象管理之道吧！世事無絕對，但若能有所啟發，便是一種有效的學習！

我們先來假設你是 Oliver

1

內心忐忑不安的你，在投出履歷表後接到了一家公司邀請你次日去面試的電話——太好了！既興奮又緊張的你第二天早早地起了床，整理好要帶的東西後，如何選擇下一步行動？

套上平常穿的休閒服就出門。　　　　　　　　　　　→ **21**

認真梳洗一番後，換上整潔的襯衣和深色西裝出門。 → **6**

2

你的做法是對的！通過見面時的招呼、工作之餘的玩笑、適時地尋求建議，你積極地在自己和客服部 Lara 之間建立起了熟悉感。客服部對你的印象頗好，工作上的溝通與合作也越來越順利。

P.95 Lesson 12 把記憶種植在別人腦中

這一天，發生了一件事。 → **3**

3

你急忙地到客服部拿資料，這時來了電話，於是你把資料放到桌邊，騰出手來接電話。清潔阿姨正在擦桌子，一不小心打翻了桌上的水杯，杯子裏的熱擦水頓時潑灑開來，順着你的資料滴滴答答流到地上。「哎呀！」你和清潔阿姨都驚呆了！

「怎麼搞的啊？！你知道這份資料多麼重要嗎？！」
你忍不住焦急地嚷道。 → **8**

「啊我的資料……」你焦急地說道，
「……你沒有被燙到吧？」 → **9**

4

放置在一邊的名片漸漸失去溫度，幾天後連你都記不清名片主人的長相了。好像不太妙！你趕緊翻開本書的……

P.89 Lesson 11 抓緊機會，雙倍出擊

還好沒有超過一週！你趕緊給名片中的潛在重要客戶發去了個關心的信息和郵件。有的客戶果然對你產生了生疏感。雖然在雙方關係不冷不熱的時候聯絡對方，氣氛有點尷尬，不過好在你及時加固了印象，對方恢復了對你的記憶。

嗯，接下來好好把握機會吧！　　　　　　　　→

5

從名片衍生出的話題，讓你和客戶聊了起來。你們對彼此和公司都有了更深的了解，有不明白的地方你也及時向對方打聽清楚。你甚至和對方在展位前合了影。當對方離開時，你們歡笑握手並表示再聯繫。然後你將獲取的資訊迅速記在名片背面，以防有所疏漏！

P.89 Lesson 11 抓緊機會，雙倍出擊

如此忙碌着，直到展會圓滿結束。　　　　　　　→

6

面試官看到衣着精緻得體的你，眼睛一亮。她觀察着你的舉動，和你交談了起來。當問及你過去的工作經歷，你侃侃而談，恨不得將自己以往所有的小成就都展現給她看。面試官蹙起了眉。回家的路上，你反省起來……

P.45 Lesson 5 基礎第二部：透過交流留下印象

P155 Lesson 20 喜歡往事重提

原來印象管理是如此的重要！當你接到第二家公司的電話時，你已經重新做好了準備。 → **7**

7

由於你專業的穿着，令人留下很好的印象，業務專業知識方面也準備充足，你自信可靠的形象打動了面試官，面試過程中雙方交談得很順利。你明白了很重要的一點……

P.25 Lesson 3 瞬間決定成敗

順利通過面試的你，憑借良好的印象管理在競爭者中脫穎而出，接下來也過關斬將，終於開始了自己的職業生涯！ → **20**

8

你很焦急，因為這份資料確實很重要。但資料被打濕已成既成事實，在眾目睽睽之下，發再大的脾氣也無法讓時間倒流。這個時候，一定要保持冷靜，來自本書的一篇文章提醒了你。

P160 Lesson 21 沒有人喜歡亂發脾氣的人

你拿過抹布迅速吸着資料上的水，並向 Lara 借來紙巾進一步吸乾水分，然後對清潔阿姨說：「不要緊，別擔心。你沒有被燙傷吧？」

資料受損了，但不要再讓他人對自己的印象也打折扣。客服部的同事們在心裏默默地對你讚賞！

拿着資料，你趕回業務部參加會議。 → **14**

● **9** ●

你迅速地處理着被浸濕的資料，一邊確認清潔阿姨是否被燙傷。如果說你的心裏沒有一點點生氣，那就是假的，但你知道生氣也於事無補。客服部的 Lara 也趕緊拿着紙巾上前來幫忙，同事們也因為你沉着的素養而加深了對你的好印象！

拿着資料，你又趕回業務部參加會議。 → **14**

● **10** ●

參加展會的當天早晨，你打開衣櫃：

拿出昨天換下的、平常穿的西裝。 → **11**

拿出熨燙整潔的西裝，選擇了適合西裝顏色、花紋大方的領帶，並配上低調但精緻的領帶夾。 → **39**

● **11** ●

昨天換下的西裝有些起皺，雖然和平常一模一樣的裝扮並沒有錯，但也讓你毫不起眼，你被淹沒在眾多業務員與工作人員之

中⋯⋯到底是哪個環節需要改善？你趕緊翻開本書的

P.52 Lesson 6 考慮場合而學會變化

P.72 Lesson 8 樹立形象標誌

當晚，你精心研究了一番適合相應場合的着裝，並考慮了種種
細節。第二天，你自信又閃亮地登場！　　　　　　→ 39

12

又拒絕了大家的邀請。你默默地翻開書，看到這一頁⋯⋯

P.145 Lesson 18 請勿過度謹慎，成為邊緣人

哎？雖然不擅長社交，但在職場中，偶爾還是應該參與一下大家
的集體活動呢。自己這樣的性格，是不是真的無法和他人好好交
流呢？

這時，一位客戶打來電話。　　　　　　　　　　→ 13

13

客戶是打電話來投訴物流上的問題的。聽對方語氣，感覺火氣不
小。

趕緊搬出針對這類問題的應答模式。　　　　　　→ 31

先安靜地聽對方把事情陳述完，順着他的火氣安慰他，再具體
問題具體分析。　　　　　　　　　　　　　　　→ 24

● **14** ●

被弄濕的資料果然不方便閱讀。你一邊思考着資料上的問題，一邊轉起了筆。期間，沒有轉穩的筆甩到了桌面上，發出清脆的聲響。坐在你身邊一起開會的同事忍不住轉過頭看了你兩眼。

你一邊轉着筆一邊思索着自己的問題，沒有太在意參會者們的反應。　　　　　　　　　　　　　　　　　　→ **27**

為甚麼被同事看了兩眼，是不是自己做錯了甚麼……啊！是因為轉筆發出的聲響吧！你趕緊停下手中的動作。　　→ **19**

● **15** ●

回到公司，又開始了新的任務。上司讓你和客服部的同事 Lara 進行客戶資料上的溝通。看起來好簡單的任務，小菜一碟。於是你來到客戶部和 Lara 打招呼，你感到談話過程中對方一直處於警惕的狀態，並且不願多說其他事情。你想：

算了，交代完工作上的事情就可以了。　　　　　　　→ **25**

先好好記住客服部人員的名字，然後通過溝通慢慢加深印象、增進感情！　　　　　　　　　　　　　　　　　　　→ **2**

● **16** ●

交換過名片後，他將你的名片放入口袋，然後轉身向其他公司的展位走去。為甚麼名片被對方收下了，你的心中卻依然有一種微妙的失落的感覺？你翻開了本書……

P.131 CH4 Tips! 一張名片能延伸的十分鐘

是啊，完全可以和對方再多聊幾句，給他留下更好的印象。你決定如果再遇到重要的客戶，一定不放過與對方深入交流的機會。你在接下來的時間裏更加投入，終於又遇到有潛力的客戶，你們互相遞上名片。→

17

向嚴肅的上司請教問題，這似乎又是一個難關，但客戶的問題得趕快解決才行，你皺起眉頭……

衝進王主任的辦公室，將客戶的問題照搬給王主任。→

分析問題，總結出關鍵問題所在，
以及如何問才更有效率。→

18

由於你每天主動朝遇到的同事打招呼，大家和你的交談也越來越多。你在日常交往中開始留意到同事們之間的稱呼，當你準確叫出同事們的名字時，他們也都紛紛記住了你的名字。這真是太好了，你回憶起這篇……

P.95 Lesson 12 把記憶種植在別人腦中

與此同時，隨着工作的開展，公司計劃派你參加三個月後的行業展會，與客戶建立關係。→

19

還好你及時地停止了會議中的轉筆行為。王主任收回了轉向你的目光，繼續他的發言。你坐直了身子，拿起筆在筆記本上認真記錄起會議內容來。果然，日常行為裏不經意的細節也影響着他人對自己的印象，你暗下決心：從今以後多多留神自己在辦公室裏的行為細節！

會後路過客服部，同事 Lara 的一聲歎息引起了你的注意。

20

新工作新環境，滿懷期望又侷促不安的你走在公司裏……

因為和公司的同事們還不熟，擔心會尷尬，所以每天見面索性都不打招呼。 → 28

雖然和公司的同事們還不熟，但是每天還是會鼓起勇氣朝遇到的人點頭微笑致意。 → 18

21

面試官看到你鬆垮的休閒服後，表情嚴肅但並沒有說甚麼，禮貌地聊了三言兩語後結束了對你的面試。預感到不妙的你翻看了本書的……

P.14 Lesson 1 不知道自己在別人眼中的印象？

恍然大悟的你總結經驗，決心在下一次面試時把握機會。幾天後你又接到了另一家公司通知面試的電話。這次你穿上了適合職場的服裝。

→ 6

22

你向王主任反饋了事情解決的結果，他很滿意，並忍不住和你交流了一些經驗之談，太棒了！

走出王主任的辦公室，你發現本週的部門優秀員工評選也要開始進行了。

→ 41

23

一位目光敏銳的客戶走上前來，他仔細閱讀了你的產品目錄，並做了自我介紹——是一位行業下游負責銷售管道的採購商。你拿出自己的名片⋯⋯

你將自己的名片遞給他，並接過對方的名片放入自己的手賬中。

→ 16

你將自己的名片遞給他，並接過對方的名片仔細端詳起來，從對方的職務、公司名稱和業務，你都迅速清晰地了解了一番。

→ 5

因為你的安靜傾聽與虛心的態度，客戶的怒氣沒有再升級。你得到了說話的機會，在解釋物流問題發生的原因時，你甚至巧妙地運用了兩個術語。對方不再生氣地說要找負責人，而是認真聽起你的解釋來。

P.100 CH3 Tips! 印象演繹技巧

如此下來，你明顯感到對方的語氣柔和了很多。客戶甚至表達了對你解決問題的信任。你承諾，在請示上司更好的解決方案之後即給予對方回覆。 →

只是簡單地交代完工作顯然是不行的，因為客戶資訊的更新過程中離不開和客服部的溝通。你想到了本書的⋯⋯

P.84 Lesson 10 內向的人也要逆流而上

你決定通過適時適當地去客服部打聽情況來建立彼此之間的熟悉感。果不其然，見面時的招呼、工作之餘的玩笑、適時地尋求建議，讓你和客服部 Lara 的關係愈來愈好！你發現，其實 Lara 笑起來也是挺可愛的！

可是有一天，發生了一件事。 →

因為請教了問題後就再沒有下文了，幾天後王主任找到你詢問結果。王主任的表情恢復往日的嚴肅，你意識到……

P.150 Lesson 19 求建議後缺乏反饋

對，及時向給過自己幫助的人反饋情況，是一種禮貌。認識到這一點後，你感覺自己又多了幾分與人打交道的勇氣！

此外，本週的部門優秀員工評選也要開始進行了。 → **41**

會後，王主任嚴肅地對你說：「Oliver，今天會上講的內容都很重要，和客戶交涉時一定要留神。」你趕緊點頭，心想：「為甚麼王主任單單提醒我一個人呢？」同事 Lara 桌上攤開的一本書中的標題吸引了你的目光。

P.166 CH5 Tips! 辦公室裏的不經意

──原來如此！讀過這篇後你回憶了一下，確實，自己和他人談話時也習慣用手勢，現在想想，不知道自己隨意的手勢是否有失禮的地方；在辦公室裏思考問題時也會自言自語起來，讓旁邊的同事感到困惑了吧……你若有所思地點點頭，決心從今以後多多留神日常行為的細節！

不過真是有緣呀，Lara 也有這本書呢！ → **34**

●——— 28 ———●

由於從沒有和他人打過招呼，公司裏的同事對你印象模糊，除了工作上的交流，平常大家和你很少對話。寂寞的你讀到了這一篇……

P.108 Lesson 13 兩聲招呼的力量

第二天，緊張的你嘗試着開始和大家打招呼。出乎你意料的是，同事們也都很自然地回應了你，並沒有難堪的場面出現。原來打招呼並不是一件難事！舒了口氣的你在工作中與同事的關係融洽起來，工作上也有了新的進展。 → 32

●——— 29 ———●

由於你清晰地整理出了更有效率的提問方式，王主任也很快給出了關鍵的建議，並對你的能力給予了肯定。嚴肅的上司也變得和藹可親，你認識到……

P.120 Lesson 15 尋求意見，切磋交友

太好了，客戶的問題可以得到解決了！ → 38

●——— 30 ———●

雖然展會之後你感到很累，但當晚和隔天，你依然給名片中的潛在重要客戶發了維繫關係的信息和郵件。你甚至適當地請教了一些業務流程上的問題，對方也都回覆了你。真是太好了！不過初次完成這麼多任務，你覺得有些吃力和疲憊，自己能堅持多

久呢？

你進而羅列一張「自省卡」，以此來加強自己在與客戶交往中的印象管理。

嗯，接下來就是好好發揮的時候吧！　　　　　　　　→

31

匆忙搬出的解答模式並沒有讓對方消氣，反而讓他更為不滿。這是為甚麼？你猛然想起這一篇。

P.79 Lesson 9 顯示弱點以退為進

你馬上順應着對方，先承認己方不足的地方，以此消解對方的火氣。在獲得了表達的機會後，再針對問題所在進行交涉。

P.126 Lesson 16 同路人的情感共鳴

如此下來，你明顯感到對方的語氣緩和了很多。客戶甚至表達了對你解決問題的信任。你承諾，在請示上司更好的解決方案之後即給予對方回覆。　　　　　　　→

32

聽說自己將於三個月後被公司派去參加行業展會，你既開心又激動，開心的是被公司信任並委以重任，激動的是能夠見識到「大世面」。但你不禁又想，除了每日精進的業務知識，首先如何才能在展會上吸引客戶呢？

好像沒有具體思考過要樹立一個甚麼樣的形象。 → 35

在腦海中塑造過自己想要成為的形象。 → 33

33

既然腦海中已有了自己想要成為的具體形象，那就從現在開始行動吧！為了堅定信心，你閱讀了以下這篇

P.60 Lesson 7 能否「演出」到底

在不斷的努力中，你迎來了參加展會的那一天！ → 10

34

我們再來假設 你是性格內向的 Lara

你來公司一段時間了，但好像只和業務部的 Oliver 關係比較好。在你的印象裏，Oliver 開朗又健談，和自己是完全不同的類型。不善言談的自己不想遭遇人際尷尬，每天都一個人安安靜靜地埋頭做事……在自己的世界裏很安心，但這樣真的好嗎？正在思考的時候，Oliver 過來說道：「Lara，中午和我們一起聚餐吧！」

「不用了，我沒有甚麼食慾，你們去吧。」你說。 → 12

「嗯……」你猶豫了一下，「好的。」 → 40

35

感覺成功人士離自己好遠……真的那麼遠嗎？你回憶起自己的夢想……

P.30　CH1 Tips! 何不描繪自己希冀的未來形象？

如果自己都不相信自己，又如何讓別人來相信自己呢？你描繪出自己希冀的形象，感覺自己有了一個明確的目標！在循序漸進的印象管理中，終於到了參加展會的那一天！ → 10

36

展會結束，拿到了不少客戶的名片！清理資料時翻着厚厚一疊「戰利品」，你暗自興奮了一番。

這幾天累壞了，先休息一下。等到有工作需要時再聯繫名片上的名字吧！ → 4

趁着剛交手過，對方說不定對我還有印象，趕緊趁熱打鐵聯繫一下！ → 30

37

王主任對於你來尋求建議是表示歡迎的。但你照搬的是客戶的開放式問題。王主任花了很多時間來講解，但最後你依然不太清楚如何轉達給客戶，具體的下一步該如何做。還要再問一次嗎？迷茫的你想起書中的⋯⋯

P.120 Lesson 15 尋求意見，切磋交友

停止迷茫，你提取關鍵資訊，總結出根本問題，為了更清晰地表達自己的想法，你甚至將問題流程畫圖並寫在紙上，智慧地、有針對性地向王主任請教建議。王主任看出這是你經過思考後提煉出的問題，熱心給出建議並對你讚賞有加。 → 38

38

由於王主任提出了及時且有效的建議和解決方案，客戶的問題順利解決！

請教問題當天已向王主任道過謝，不需要再特地去打擾他了吧。 → 26

及時向王主任匯報這個好消息，如果沒有他的建議，問題不可能這麼快解決。 → 22

39

精緻的着裝與搭配讓你看起來格外專業，配上梳理好的髮型，看起來更為幹練，在眾多業務員中脫穎而出。展會上，你的良好形

象果然吸引了不少客戶。然而面對來自各方的詢問，實戰中的你果然還是會緊張！這時該怎麼辦呢？你的腦筋飛快地轉着，想起了這兩篇……

P.60 Lesson 7 能否「演出」到底

P.65 CH2 Tips! 形象代入法

你定了定神，努力回想自己所欽服的成功人士形象：如果是他，面對這樣的場合會如何行動？如果是她，在這樣的情況下會說甚麼？……你彷彿找到了熟悉的感覺，並代入展會現場的自己身上，頓時感覺自己的言談舉止自然大方了很多！就這樣堅持下去吧，你恢復了自信。這時，有人朝你走過來。 → **23**

「太好了！」Oliver 說道。「Lara 喜歡吃甚麼菜式？待會記得告訴我們哦！」同事們也七嘴八舌地說道。

……邁出了第一步，發現自己是被接納的。大大方方地去交談，應該也是沒有問題的吧！對自己半信半疑之間，一位客戶打來電話。 → **13**

評選結果大大出乎你的意料，本週的部門優秀員工竟然是自己！內向的你感到非常驚訝。經過打聽，你明白了是因為這個原因……

P.114 Lesson 14 五分鐘的等待價值

你雖然內向，但無論是上班前、開會前，還是與客戶的約定前，你都會提早五至十分鐘到場，絕不會遲到。你的自律給大家留下了良好的印象。大家自然心甘情願地評選你為優秀員工。

受到鼓舞的你，決心更加努力並細心地鍛煉自己的印象管理技能，在職場闖出屬於自己的天空！

透過這個心理測試，
提升自己給別人的印象力！

職場法則系列

超圖解
印象術

速溶綜合研究所 著

		出版
責任編輯	朱嘉敏	非凡出版
裝幀設計	謝祖兒、霍明志	香港北角英皇道 499 號北角工業大廈 1 樓 B
封面設計	謝祖兒	電話:(852) 2137 2338　傳真:(852) 2713 8202
排　版	時潔	電子郵件:Info@chunghwabook.com.hk
印　務	劉漢舉	網址:http://www.chunghwabook.com.hk

發行

香港聯合書刊物流有限公司

香港新界大埔汀麗路 36 號

中華商務印刷大廈 3 字樓

電話:(852) 2150 2100　傳真:(852) 2407 3062

電子郵件:info@suplogistics.com.hk

印刷

美雅印刷製本有限公司

香港觀塘榮業街 6 號海濱工業大廈 4 樓 A 室

版次

2019 年 10 月初版

©2019 非凡出版

規格

184mm x 130mm

ISBN

978-988-8573-98-1